社会化媒体背景下中国电视媒体的融合发展路径研究

金海鑫　著

清華大學出版社
北京

内容简介

本书通过对社会化媒体和电视媒体的相关文献研究，综合国内外学者对媒介融合的定义，阐述现有的社会化媒体背景下电视媒体融合发展的表现形式。本书有以下几个特色：一是从宏观、中观、微观三个层面分析社会化媒体背景下电视媒体融合的现状；二是从内容生产层面、媒介技术层面、受众行为层面和产业层面阐述社会化媒体背景下电视媒体融合发展的动因，厘清现阶段社会化媒体背景下电视媒体在媒介融合过程中应该关注的问题；三是通过科学方法建立社会化媒体背景下电视媒体融合发展的指标体系并进行效果分析，总结社会化媒体背景下电视媒体融合发展的传播规律；四是讨论宏观环境下这种新互动模式与政治、经济、文化之间的相互影响，总结最适应现阶段社会化媒体背景下电视媒体的融合发展路径，为当下的传媒体制改革和学术研究等提供一定的参考。

本书可作为传播学、新闻学、影视学等专业高校师生的参考书，也可供相关从业人员参阅，或为政府部门制定政策提供参考。

图书在版编目(CIP)数据

社会化媒体背景下中国电视媒体的融合发展路径研究/金海鑫著. —北京：清华大学出版社，2021.12(2022.9 重印)

ISBN 978-7-302-59494-9

Ⅰ. ①社…　Ⅱ. ①金…　Ⅲ. ①电视－传播媒介－发展－研究－中国　Ⅳ. ①G229.2

中国版本图书馆 CIP 数据核字(2021)第 231651 号

责任编辑：冯　昕　王　华
封面设计：傅瑞学
责任校对：赵丽敏
责任印制：杨　艳

出版发行：清华大学出版社
网　　址：http://www.tup.com.cn，http://www.wqbook.com
地　　址：北京清华大学学研大厦 A 座　　**邮　　编**：100084
社 总 机：010-83470000　　**邮　　购**：010-62786544
投稿与读者服务：010-62776969，c-service@tup.tsinghua.edu.cn
质量反馈：010-62772015，zhiliang@tup.tsinghua.edu.cn
印 装 者：涿州市京南印刷厂
经　　销：全国新华书店
开　　本：170mm×240mm　　**印　　张**：9　　**字　　数**：183 千字
版　　次：2021 年 12 月第 1 版　　**印　　次**：2022 年 9月第 2 次印刷
定　　价：48.00 元

产品编号：072177-01

前言

PREFACE

为什么研究媒介发展？这个问题值得首先予以说明。

科技的不断发展使媒介形态发生了翻天覆地的变化。技术一直以来都是孕育媒介形态变化的土壤，我们可以看到每一次技术的革新都改变了媒介的传播格局，从最早因为纸张的发明而开启的人们用杂志、报纸传达信息的方式，到因电子技术的出现而造就的电视、广播媒体在世界范围内传播信息的神话，再到互联网技术的出现使大量碎片化信息得以汇聚，从而使传统的传受双方互动发生彻底改变的传播新模式，这一切媒介形态的历史演变都证明技术始终引领着媒介的前进步伐。科技是媒介传播方式和媒介形态的驱动力，特别是在社会化媒体出现之后，具有即时性、互动性特质的媒介平台和媒介内容形式对信息的传播已经同等重要，想要更好地利用新媒体平台传播信息，首先必须了解新媒体的传播规律和特性，才能做到知己知彼、百战百胜。

分析近几年的媒介发展，我们可以得出以下结论。

(1) 媒介在新技术的作用下催生出更多的新形态。互联网技术的出现催生出基于其技术的社会化媒体，这一媒体的出现彻底颠覆了传统媒体长久以来的固有模式，可以说是几次媒介革命中最抢夺“注意力”资源的媒体。社会化媒体不但让即时传播成为可能，更是从传播者到内容、渠道再到受众及其产生效果的各方面发生了巨大的改变，由传到受整个过程的每一部分都衍生出了不同于以往的新形式。社会化媒体是新媒体发展过程中具有最广泛覆盖面和影响力的一种媒介形式。[①]

(2) 新技术作用下的媒介形态形成了共生、融合和竞争的局面。虽然互联网的蓬勃发展为社会化媒体带来了非常多的新契机，但是从整个媒介生态学的视角出发，电视媒体仍然占据着主流的位置。电视媒体长久以来在内容生产、从业者培养、渠道完善、受众分类及效果分析等各方面资源的积累，使其保持了在媒介环境中不可替代的位置。从过往传统媒体的发展历程中我们可以看出这种观点的合理性，如报纸并没有因为电视的出现而消失。

罗杰·菲德勒认为，“每一种新形式的传播都会经历从最早还依稀辨认得出是某种较早形式的延伸，逐渐演变到完全是自身的独特形态的过程。”[②]媒介的变化

---

① 新媒体一词最早见于1967年美国CBS技术研究所所长P. 戈尔德马克(P Goldmark)发表的开发电子录像商品的计划书，见：蒋宏，徐剑. 新媒体导论[M]. 上海：上海交通大学出版社，2006：12.

② 菲德勒. 媒介形态变化：认识新媒介[M]. 北京：华夏出版社，2000：14.

发展很像是一种物种演变的历程，都是在基于过去形式上的一种进步，一种新的延展。媒介的发展也会有由新生到成熟再到衰弱的完整生态过程，因此媒介真正的使用高峰都是在一代人成长之后才会实现，就如社会化媒体一样，因为有了之前互联网技术 40 多年的逐渐发展和普及应用，才让现在新媒体的繁荣发展成为可能。在当今时代，媒体不但需要内容为王，更要渠道制胜。传统媒体通过新的媒介技术可以拓展自己的延伸范围，衍生出多元的媒体机构形态和表现形式。新媒体的出现是对传统媒体劣势的补充，其独特的交互性、即时性、分享特点不但改变着传媒生态，更改变着整个社会的人类信息共享过程。

卡斯特在《网络社会的崛起》一书中指出，我们迎来的信息分享时代是一种不可逆转的发展趋势，人们的生活将从此与网络息息相关，网络会成为人类生活无法去除的一部分。网络将会成为我们社会形态的中心，新媒体越来越人性化、越来越具有实用性的特点将会衍生出更多的新媒介形态和周边产业，为新一轮的媒介洗牌吹响号角，媒介行业将出现更多的“黑马”。根据中国互联网络信息中心(CNNIC)发布的《第 47 次中国互联网络发展状况统计报告》显示，“截至 2020 年 12 月，我国网民规模达 9.89 亿，互联网普及率为 70.4%，较 2020 年 3 月增长 5.9 个百分点。我国手机网民规模达 9.86 亿，网民使用手机上网的比例高达 99.7%，网民使用电视上网的比例达 24.0%。短视频使用已接近普及，93.7%的网民使用短视频应用，以满足碎片化的娱乐需求。视频行业构建起以内容为核心的生态体系，直播平台进入精细化运营阶段。截至 2020 年 12 月，我国手机网络购物用户和网上支付的用户分别占总体网民的 79.2%和 86.5%，手机网络购物与支付已成为网民使用比例较高的应用。”①新媒体载体的高科技和便捷性让互联网无处不在地融入我们的生活。随着中国互联网普及率逐渐饱和，互联网发展主题从“数量”向“质量”转化，人们对互联网在生活中的应用有了更多的期待。

在信息技术不断完善和发展的过程中，人们开始意识到，这场变革不仅局限在硬件技术本身，它还在整个媒介大环境中对传统媒体产生了深刻的影响。近几年来，社会化媒体在中国呈现出“井喷式”的繁荣景象，社会化媒体的迅速发展和日益成熟改变了电视媒体原有的表达方式和形态。那么究竟哪些因素决定了社会化媒体背景下中国电视媒体发展的现状？社会化媒体在电视媒体发展路径中扮演了怎样的角色？社会化媒体对电视媒体发展产生了多大的影响？它能够推动电视媒体向多元化数字终端发展吗？

面对这些问题，作者希望予以深入思考。

---

① 中国互联网络信息中心(CNNIC). 第 47 次中国互联网络发展状况统计报告[EB/OL]. (2021-02-03)[2021-03-15]. http://www.cac.gov.cn/2021-02/03/c_1613923423079314.htm.

目录

CONTENTS

第1章

社会化媒体与电视媒体的核心概念与研究现状

1.1 主要观点与核心概念

1.1.1 基本假设与主要观点

根据媒介传播发展的理论框架逻辑、中国传媒发展现状以及媒介融合发展状况的切实案例分析，本书提出以下基本问题。

问题一：社会化媒体是否能够对电视媒体从业人员业务素质产生影响？社会化媒体以其极大的便捷性、即时性、互动性等特质完全改变了原有媒介的单向传播格局，传统媒体掌控信息发布权的日子一去不复返，无处不在的社会化媒体使用者随时随地都可以利用手中的智能手机或平板电脑记录下正在发生的事件，这一大环境的改变对电视媒体从业人员的业务素质提出了新的要求。

问题二：社会化媒体的内容发布是否能够对电视媒体的内容生产产生影响？社会化媒体的出现引发了很多新的媒介现象，比如受众不再一味地接收信息，而是和传播者形成了互动，受传之间的界线逐渐变得模糊，这种新现象更是培育出了很多“双向度的人”，因此从现在媒介融合的大环境来看，我们更应该把原本的受众称为使用者。无论是草根记者对正在发生的新闻事件的不断补充推进，还是因为对电视节目的网络评论而引发的电视节目议程设置的改变，都深刻地表明了社会化媒体使用者已经深入地参与到了电视媒体的内容制作中。

问题三：社会化媒体的出现是否影响了电视媒体的可信度，影响了具体哪些信息类型？随着社会化媒体的繁荣，最值得关注的一个课题就是如何处理社会化媒体与电视媒体的分工问题，无数事实都证明了电视媒体并不会因为社会化媒体的不断发展而消失，但是电视媒体势必会因为社会化媒体的影响而做出适当的调整和改变。那么电视媒体一直占有优势的公信力部分是否会受制于社会化媒体平台的巨大影响力，我们应该在哪些信息类型上采用何种媒介组合方式进行传播，都是我们急于想要了解的问题。

问题四：社会化媒体的出现是否会对电视媒体产业产生影响，令电视媒体产业做出相应的调整？社会化媒体的出现首先影响到的就是媒介平台的选择，因为有了社会化媒体源源不断、即时的大量信息来源，大编辑部制、共享信息源等方式也似乎理所当然地成为必需的选择，这些变化对内部人员的组织结构包括产业链都会有一定的影响，整个电视产业也会随之发生一些调整和改变。

社会化媒体的出现占用了越来越多人们使用传统媒体的时间，移动设备的普及为社会化媒体的发展带来了质的变化。社会化媒体以其独特的转发、评论等形式影响着与电视媒体的互动合作，社会化媒体通过不断的进化，从“短文字”逐渐过渡到了“短视频”，时效性、普及性、传播力都在不断加强，如果说文字类社会化媒体还需要具备一定的文字读写能力，视频类社会化媒体可以说是一种无门槛的传播渠道和形式。社会化媒体更加直接、直观地改变了电视和观众的距离和关系，从而引发了整个传媒版图的新气象。所以，围绕以上四个问题，本书论证了以下几个重要观点：

第一，社会化媒体的出现要求电视媒体从业人员的业务素质更加全面化、网络化。

第二，社会化媒体的内容发布行为对电视媒体的内容生产是一种联动性的相互补充。

第三，社会化媒体的出现使电视产业的格局发生了改变。

以上三个重要观点体现出了社会化媒体与其他媒介形式之间最大的不同之处，我们需要立足在社会化媒体带来的新特质上，对电视媒体和社会化媒体的融合进行研究。因此，电视从业人员面对社会化媒体的大浪潮，该如何全面化、网络化自己的业务素质，主要要从哪几个方面做到提升？社会化媒体上的内容如何影响了电视媒体内容的生产？受众如何在社会化媒体上进行内容选择，对所选媒体内容的信任度如何？社会化媒体的特质如何影响电视产业的组织结构，并使生产链发生改变？这些都是我们将要在书中予以讨论的内容。

1.1.2 核心概念界定

上述提出的基本问题与基本观点，都是围绕着社会化媒体和电视媒体这两个媒体概念展开的。所以我们先要明确什么是社会化媒体，什么是电视媒体，在概念界定清晰的情况下才可以更好地厘清研究范畴，所以本书涉及的核心概念主要如下。

第一，社会化媒体。社会化媒体也称为社交媒体（social media），在维基百科（Wikipedia）中的解释为：“是人们用来分享意见、观点及经验的工具和平台。社会化媒体和一般的社会大众媒体最显著的不同是，让用户享有更多的选择权利和编辑能力，并可以自行集结成某种阅听社群。社会化媒体以多种不同的形式来呈现内容，包括文本、图像、音乐和视频。流行的社会化媒体传播介质包括 blog、vlog、podcast、Wikipedia、Facebook、Plurk、Twitter、Google＋、网络论坛等，某些网站也加入了类似功能，例如百度、Yahoo! Answers、EHow、Ezine Articles 等。"[①]基于维基百科的定义我们可以得出如下关键词：分享——社会化媒体最早打出的口号就是分享生活，分享也是社会化媒体的核心精神，在社会化媒体，这种高度开放的平台上用户可以随时随地发布自己想与世界上任意角落分享的信息内容，分享行为是一切互动的前提。选择权利和编辑能力——这一种权利和一种能力的赋予，使用户可以建立自己的信息发布平台，这两种操作行为的技术实现更好地服务了用户想要分享的内容，是社会化媒体的技术基础，为用户从内容接受者转向信息发布者提供了技术支持。自行集结和阅听群——这两个关键词很形象地表现出了社会化媒体受众群的特征，社会化媒体的受众是通过感兴趣的内容自行集结的，大家因为共同的关注点汇集在一个版面或话题中，在这样的磁场环境下原本微小的个体力量就会因为汇集而产生巨大的爆发力，因此网络舆情、网络谣言的情况才会出现，大 V 所代表的网络民意领袖才会产生，受众在社会化媒体背景下的媒介素养问题才开始显现。当然，社会化媒体这些关键词最后聚焦的其实是信息民主化的一种表现，社会化媒体的传播方式是双向的，你来我往的，也是多对多的一种较平等的信息传递方式。传播学者安德烈·M. 开普勒和迈克尔·亨莱因将社会化媒体定义为"具有 Web 2.0 技术和意识形态的网络应用，在这个平台上用户自己生产内容(user-generated content，UGC)，并开展交流"[②]，社会化媒体改变了以往媒介的传播形式，甚至与其出现前的网络媒体特质也不完全相同，它的大众化、普遍性和扩展性是其他任何媒体都无法企及的，社会化媒体用户之间的交流互动已经超出了单纯的信息传播，与传统媒体的信息传播有实质的不同。无论是维基百科的定义还是两位传播学者对社会化媒体的概括，都只是大体的，从宏观层面针对社会化媒体的特点提出的一个概念范畴。事实上，对于社会化媒体这一新生事物，至今也没有完全公认的精准定义。我们既可以将社会化媒体理解为创造、分享、交流信息的过程，又可以将其理解为一种新型的信息沟通技术平台。

那我们到底应该如何定义社会化媒体这一新生事物呢？

首先，社会化媒体在西方称作 social media，在国内翻译为社会化媒体，其实 social 这个词带有的社交含义更重，从上文维基百科的名词解释中我们就可以得出，互动、交互是社会化媒体的最大特点，互动、交互其实也就是一种社交行为。社会化媒体是一种建立在"关系"之上的媒体形式，是人们通过互联网与其他同在一个关注集群里的人进行沟通、分享的行为，是一个可以自由进行分享的开放公共

① 维基百科. 社会化媒体. [EB/OL]. (2013-03-17)[2013-06-12]http://zh.wikipedia.org/wiki/%E7%A4%BE%E4%BC%9A%E5%8C%96%E5%AA%92%E4%BD%93.

② KAPLAN A M, HAENLEIN M. Users of the world, unite! The challenges and opportunities of social media [J]. Bussiness Horizons, 2010, 53(1): 59-68.

空间。所以说，社交其实是社会化媒体的真正核心精神，也是它的外化表现方式。

其次，media 在这里被翻译为“媒体”，即传播信息的媒介。事实上，只要是能承载信息传播的平台，我们都可以称之为媒体，通常我们将媒体分为传统媒体和新媒体两部分，这两部分最大的不同之处就是是否与互联网相关，离开互联网仍然可以传播信息的，如报纸、杂志、广播、电视统称为传统媒体，而离开互联网支持就无法传播信息的，则统称为新媒体。美国传媒理论家保罗·莱文森(Paul Levinson)在其专著《新新媒介》中，将媒介的划分向前推进了一步，把现有的媒介分为旧媒介、新媒介、新新媒介。旧媒介如传统媒介，即与互联网关系不紧密的报纸、杂志、广播、电视；新媒介指互联网上的第一代媒介，其主要特征是用户可以不受媒介发布信息时间的限制，在互联网上随时提取内容、了解对自己有益的信息，如电子邮件、聊天室等；新新媒介也就是我们常说的社会化媒体，其主要特征是消费者即生产者，生产者多为非专业人士，可以自由选择发布个人信息且信息发布是无偿的。新新媒介之间的关系是相互竞争促进的，服务优于第一代互联网媒介。新新媒介没有自上而下的控制，这一特点使每个人都能成为出版人、制作人和促销人。[①] 通过上述定义可以看出，社会化媒体是基于新媒体基础的新型新媒体衍生品，它本身具有完全不同于第一代互联网网站媒介产品的特质。

由中国互联网络信息中心(China Internet Network Information Center，CNNIC)发布的《第 47 次中国互联网络发展状况统计报告》可以看出，截至 2020 年 12 月中国网民用户规模已经达到 9.89 亿，网民使用手机上网的比例达到 99.7%，使用电视上网的比例达到 24.0%。短视频用户规模达到 8.73 亿，占网民整体的 88.3%。[②] 手机已成为中国网民使用网络的主要渠道，第一大上网终端的地位更加稳固。由以上一系列数据可以看出，随着技术条件的日益成熟，网民获取网络信息的平台也在不断地变化，这种变化极大地滋养了社会化媒体的生长。2009 年新浪微博的出现是社会化媒体的第一个爆发点，社会化媒体从 2009 年开始飞速发展，用户数也呈现“井喷式”飞速增长。

从来自艾瑞的官方发布数据图(图 1-1)中可以看出，社会化媒体用户规模从 2007 年的 1.31 亿人增长至 2008 年的 1.83 亿人，接着从 2009 年的 2.76 亿人增长至 2010 年的 3.46 亿人，每年用户都在呈阶梯式快速增长，尤其是在 2009 年社会化媒体用户人数实现了爆发式的突破。截至 2020 年，手机网民数量是社会化媒体用户人数爆发时的 3.4 倍，移动社交媒体重新定义了人和人之间交往的方式和节奏，并以朋友圈和群聊的形式重构了当代中国人的社群关系、工作方式和家庭模

---

① 莱文森. 新新媒介[M]. 何道宽，译. 上海：复旦大学出版社，2013：4.

② 中国互联网络信息中心(CNNIC). 第 47 次中国互联网络发展状况统计报告[EB/OL]. (2021-02-03)[2021-03-10]. http://www.cac.gov.cn/2021-02/03/c_1613923423079314.htm.

式。而短视频、弹幕、饭圈等所代表的新兴网络文化样态则象征着移动社交时代娱乐和自我认同方式的革新。[①]

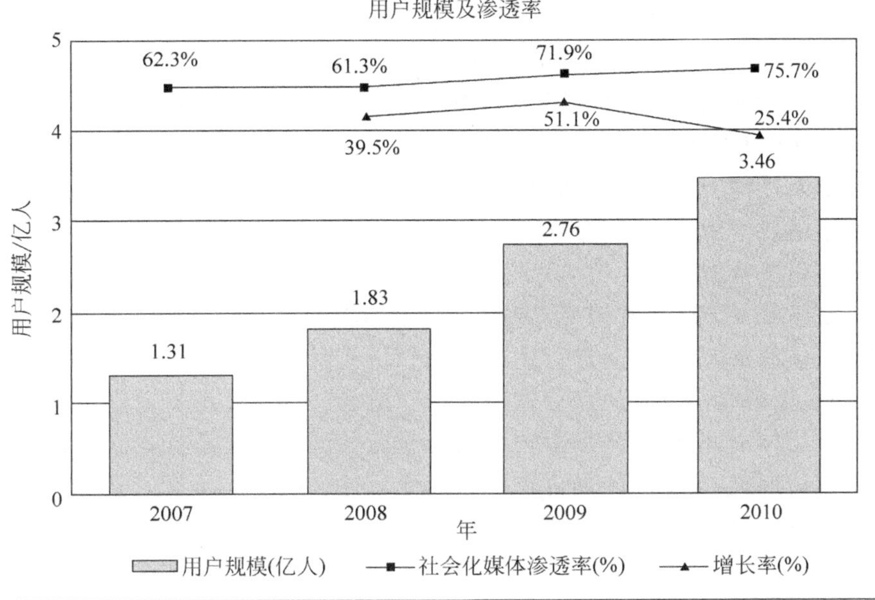

图 1-1　社会化媒体用户规模及渗透率

我国的社会化媒体发展比国外慢，基本上是跟随着国外社会化媒体发展的步伐。互联网产品形式由 1995—2000 年的论坛，发展为 2003—2006 年红极一时的博客，再到 2009 年的微博等文字类社会化媒体，以及 2016 年后以短视频、直播为主的抖音等视频类社会化媒体，进化速度越来越快，社会普及程度越来越高，是一个个人话语权逐渐增强，使用者即用户的个人发布、分享的意识逐渐凸显的发展过程。社会化媒体的交互性、自发性、超链接的特质，让受众可以在第一时间参与信息的讨论并且进行及时的反馈，从一个侧面保障了广大受众的知情权和话语权。社会化媒体除了可以作为官方发布渠道，还能够把网友发表的意见进行归类，针对网友意见开展话题讨论，形成具有广泛覆盖面和巨大影响力的微内容舆论力量。如今电视媒体与社会化媒体已经步入了互动高峰期，电视媒体对事件播报的议程设置权利，已经在社会化媒体的影响下进行了部分让渡，转移到了受众的手里。每当有突发性的公共事件、选秀比赛或是体育赛事直播等内容播出时，人们会自发地进入推特（Twitter）、脸书（Facebook）、微博、抖音等社会化媒体上发表自己的看

① 黄典林.移动社交十年，我们如何被改变[N].光明日报，2021-01-27.

法，当讨论人数和内容评论、内容转发数量达到一定程度后，就会形成大范围讨论群组，继而产生舆论影响力。时至今日，社会化媒体与电视媒体的融合形态和方式已经多种多样，社会化媒体异军突起的网络舆论力量正把我们身处的媒介环境由“传播时代”转变为“交流时代”。

第二，电视媒体。作为20世纪无限延伸人类感官的伟大发明之一，电视的出现及其发展带领着大众传播进入了电子媒介时代。电视从20世纪30年代诞生至今虽然只有短短几十年，但它已成为现代大众传播媒介中最发达的传播工具和世界上最具群众性的文化载体。随着电子技术的更新换代，电视以其独特的魅力渗透社会生活的各个角落，成为公众关注的焦点和社会生活的重要组成部分。电视媒体主要有以下特点。

(1) 电视媒体支持视频、声音、文字等多重体验方式。电视媒体是指以电视内容为传播载体的媒介，对受众进行由声音、画面、文字组成的内容的单向传播。互联网出现后，电视媒体与其他三种媒体(报纸、杂志、广播)被统归于传统媒体的范畴。在传统媒体中，电视媒体是影响力最大、包含元素最多、最具有视听相结合特点的整合媒体形式，电视媒体也可以说是其他三种媒体基本元素的整合体。电视媒体通过连续的、具有逻辑性的动态视频可以很明白地给观众讲述事件的发生经过，创造出一种栩栩如生的人际传播氛围。这种蒙太奇的逻辑方式形成了一个电视特有的信息语境，为观众建立了一个立体化的逻辑叙事整体，给观众带来一种更直观、眼见为实的信息传播形式。电视是一种集印刷媒体和广播媒体特点于一身的整合信息场，无论是声音、画面还是文字都不再以独立的元素存在，而是相辅相成，共同传达出一个集纳信息的组合，这样的组合极大地消除了观众对信息真实性的揣测。比如，电视从印刷媒体身上吸取了标题和字幕的运用，使观众在看新闻的同时，还可以进行新闻的阅读，在加深对新闻信息理解的同时，荧屏下方“跑马字”的不断滚动播出也可以在不打断新闻播出顺序的情况下，报道最新的消息进展。

(2) 电视媒体的覆盖率高、受众人群庞大。电视发展到今天，除了已经拥有了完备的全天候节目的信息资源、诸多分门别类可供选择的专业频道，还具有适宜的家居收视环境，甚至在中国，一般家庭的装潢中多以电视作为家具布置的中心。这种能凝聚全家老少共同观赏的媒介已经潜移默化地成为中国观众的一种家庭观影习惯，促进了收看行为的日常化、常态化，这样一种在中国家庭环境中的嵌入式融合，是其他媒体所无可比拟的。根据2021年2月28日国家统计局发布的《中华人民共和国2020年国民经济和社会发展统计公报》，2020年我国有线电视实际用户2.10亿户，其中有线数字电视实际用户2.01亿户，电视节目综合人口覆盖率为99.6%。

(3) 电视媒体有一定的互动性。电视因为其具有即时现场性的特点，在内容发展上创造出了现场直播、现场连线等节目播出方式，这种和事件同步播报的方式，改变了其他传统媒体对大众造成的媒介环境印象和信息传达理念，用鲜活的现场信息元素使观众产生“共时空”的体验。这样的一种较其他传统媒体不同的播报方式，会让观众对节目内容产生认同感，同时也改变了以往其他传统媒体对大众的直接灌输式的传播方式，让观众在这个信息场中自主搜寻到自己认为有用的信息，为观众对事件的自主分析、判断提供了直接的依据。此外，电视也具有与观众互动的功能，其互动参与方式主要有两种：一种如《我是歌手》《舞林大会》等，通过短信投票和短信评论的方式进行参与；还有一种如《非诚勿扰》《智勇大冲关》等，观众直接通过报名自己参与节目的录制。在这两种方式里，受众都参与到了节目内容的制作中。

(4) 电视媒体具有更强的公信力。与新媒体相比，电视媒体最主要的优势之一就是公信力。受众对电视媒体的权威性和可信度更加认同，当他们面对信息选择的时候，更认可电视媒体所发布的信息内容。特别是在社会化媒体传播的内容以割裂的方式碎片化地随意组合时，信息的不完整性很容易让人们产生误读。电视媒体的存在则补充了其中的空隙，可以全面地、完整地还原事实的真相。

(5) 电视媒体的信息量相对较小。电视媒体的信息量相对较小主要表现在两个方面：①电视媒体的节目内容素材都需要自己去寻找制作，相对于社会化媒体的用户自发制作、自发上传的新媒体信息来源方式，当然略输一筹。②电视媒体的内容播放不易储存，虽然现在的数字电视已经可以录存电视节目，但是面对大量视频网站如雨后春笋般的出现，网络视频技术的不断进步，搜索技术操作的更加便捷，观众显然更愿意选择在网络视频网站上观看海量的电视节目，这已经成为现在大众收看电视节目的普遍方式。

综上所述，电视媒体和社会化媒体拥有共同点，即拥有声画同步且包含有文字信息的节目内容，都具有交互性强、覆盖面广的特征。同时我们也可以看到，虽然社会化媒体的交互性、自发性、超链接等特质使其拥有了巨大的整合“微内容”的能力，但是在信息内容难辨真假、网络谣言四起、网络舆情缺乏有效引导的情况下，电视媒体的公信力使其仍然具有社会化媒体无法替代的地位。

习近平在 2019 年 1 月的中共中央政治局就全媒体时代和媒介融合举行第十二次集体学习上，提出“推动媒体融合向纵深发展，做大做强主流舆论，巩固全党全国人民团结奋斗的共同思想基础，为实现‘两个一百年’奋斗目标、实现中华民族伟大复兴的中国梦提供强大精神力量和舆论支持。”[①]国家广电总局局长蔡赴朝在《人民日报》上撰文指出：“占领文化传播制高点，就必须抢占科学技术制高点。把握舆论引导主动权，就必须把握新媒体发展主动权。”[②]他要求电视台要“从战

---

① 习近平：着力提升新媒体时代社会沟通能力[EB/OL].(2013-01-07)[2013-04-02]. http://finance.21cn.com/newsdoc/zx/2013/01/07/14296175.shtml.

② 蔡赴朝：发展现代传播体系　提高社会主义先进文化辐射力和影响力[EB/OL].(2011-11-07)[2013-02-21]. http://theory.people.com.cn/GB/16149961.html.

略高度重视新媒体、发展新媒体，切实增强统筹传统媒体在新兴媒体方面发展的能力”。[①] 国家广电总局副局长田进曾说：“在当代中国，新兴媒体已经作为重构新闻传播的重要力量，深刻影响人们的精神文化生活，已经作为文化产业重要的组成部分，为加快经济结构战略性调整发挥了积极的作用。”他同时也指出：“新兴媒体是人类信息传统的一次重大的变革，也是影响广播影视领域一次深刻的革命。内容是核心，是关键。”美国圣荷塞州立大学教授、艾美奖评委彼得·杨曾说过，当下最热的社交媒体将重塑电视行业。[②]

由此可见，无论是从社会化媒体所处的政治社会环境背景，还是从业界学界的专业角度出发，电视媒体为了自身发展的需要必须有步骤、有计划地思考与社会化媒体交互发展的策略，依靠自身优势，借助社会化媒体平台，通过整合手段开发新的传播模式，实现彼此资源利用的最大化。

1.2 国内外研究现状

1.2.1 媒介融合的相关理论研究

20世纪80年代，美国马萨诸塞州理工大学的教授伊契尔·索勒·普尔最早在其专著《自由的科技》(*The Technologies of Freedom*)中提出了媒介融合的概念，他认为媒介日后的发展必定会以媒介多功能、一体化为发展趋势，具体主要表现为两种形式：“过去为不同媒体所提供的服务，如今可由一个媒体提供；过去为一种媒体所提供的服务，如今可由不同的媒体提供。”美国新闻学会媒介研究中心主任安德鲁·纳齐森(Andrew Nachison)也持有同样的观点，认为“融合媒介”更倾向于加强不同媒介间的合作和联盟，他把媒介融合定义为“纸质媒介、电子媒介和网络媒介之间的具有可操作性的战略文化联盟”。同样关注媒介融合的还有美国哈佛大学的阿奈特奥尼·欧丁格(Anltaony Oettinger)，他以compunctions这个自创的新词，反映了将信息转换成数字在网络传送、显示的数字融合趋势，这种新的融合传播方式可以把照片、音乐、文件、图像和对话通过同一种终端机和网络进行传播，这种技术手段上的实现使不同形式的媒体彼此之间的互换性和互联性得到加强，是日后互联网类媒介得以繁荣的基础。欧洲委员会在1997年发布的绿皮书(green paper)中首次提到电信、广播电视和出版三大产业融合不再仅仅是技术性问题，更是涉及服务以及商业模式乃至整个社会运作的一种新方式。2003年美国学者李奇·戈登(Rich Gordon)在《融合一词的意义与内涵》一书中进一步对不同层

① 蔡赴朝：发展现代传播体系　提高社会主义先进文化辐射力和影响力[EB/OL].(2011-11-07)[2013-02-21]. http://theory.people.com.cn/GB/16149961.html.

② 施晨露，李君娜．社交媒体将重塑电视行业[N]．解放日报，2011-06-08(3).

面的媒介融合做出了 6 种分类，分别是媒介科技融合(technology convergence)、媒介所有权融合(ownership convergence)、媒介策略性融合(tactical convergence)、媒介组织结构性融合(structural convergence)、信息采集融合(information-gathering convergence)和新闻表达方式融合(storytelling or presentation convergence)。这一界定和划分使媒介融合的概念更具体和全面。通过国外学者在媒介融合这一概念上的理论研究梳理，我们可以认为，媒介融合包含了一切与媒介有关的要素的汇聚和融合，是媒介形态、内容、传播手段、组织结构等各个层面融合发展的总括。

近几年随着媒介技术形态的快速发展，不断有西方学者尝试对媒介融合的概念进行补充。如美国南加州大学安利伯格传播学院教授拉里·普赖尔(Larry Pryor)就对媒介融合进行了具体的描绘："在一个统一的资源部门管理下，从业人员协同工作，全年无休地 24 小时为多媒体平台生产多样化的信息产品，并以交互的内容服务于大众。"被誉为"数字时代的麦克卢汉""后麦克卢汉第一人"的美国著名媒介理论家保罗·莱文森，在以"媒介进化论"为核心的媒介理论上提出了"人性化媒体"的概念。他认为人类发展了媒体延伸自己的感官需求，所以媒介的发展会越来越像人类，而不是随意地衍化，未来媒介的形态会越来越具有人类传播的特点。

国内对媒介融合的理论研究相对较晚，在国内最早引入媒介融合概念的学者是蔡雯教授，她于 2005 年在国内发表多篇有关媒介融合的论文，并引入了安德鲁·纳齐森"具有可操作性的战略文化联盟"的媒介融合概念。在 2009 年蔡雯教授与新东方教育科技集团的王学文共同展开研究，从微观、中观、宏观和大传媒业四个角度将国内外关于"媒介融合"的代表性观点进行了梳理和归纳，在此基础上两人还进一步提出了对"媒介融合"这一概念的概括性认识，即媒介内容的融合、传播渠道的融合、媒介终端的融合是媒介融合的核心部分，并提出"媒介融合是指在以数字技术、网络技术和电子通信技术为核心的科学技术的推动下，组成大媒体业的各产业组织在经济利益和社会需求的驱动下通过合作、并购和整合等手段，实现不同媒介形态的内容融合、传播渠道融合和媒介终端融合的过程"。

喻国明教授在《传媒经济学》中把媒介融合形容为以信息技术为中介的媒介发展的趋同，数字技术使获得数据、现象和语言三种基本信息的时间、空间及成本发生了改变，媒介与媒介之间的关联性加强，媒介之间各元素的整合和一体化的趋势日渐清晰。喻教授在 2010 年 10 月 30 日第二届"媒介融合背景下的传媒创新学术研讨会"上提出，媒介融合是基于信息技术创新和社会话语重组的一场深刻变革，它打破了过去媒介实现信息传播、体现自身价值的边界，这样一种整合对于社会的影响日益复杂，这种价值链的传导机制也更加繁复。他认为媒介融合"是指基于数字化技术的不同媒介之间的资源共享，是电视媒体获得市场竞争力的一种有效策略"。

此外，我国其他研究者也对“媒介融合”这一概念提出了自己的看法。清华大学新媒体传播研究中心熊澄宇教授更侧重技术导向，认为媒介融合实质上是所有媒介向数字化和电子化的靠拢；中国人民大学高钢教授认为媒介融合的本质在于信息技术下信息传播的技术手段、功能结构和形态模式的界限改变及能量交换；复旦大学新闻学院教授孟建和赵元珂认为媒介融合主要是指传媒业界跨领域的整合与并购及与媒介技术的融合；复旦大学新闻学院副教授、媒介管理学博士朱春阳倾向于认为媒介融合是全媒体时代新旧两种媒介形态的发展趋势，而加强新媒体的运作与传统媒体的运作融合，是实现资源整合最有效的途径。

中国人民大学教师许颖博士曾在 2009 年为媒介融合的进程勾画过一个宏大的远景。在她的设想中，媒介融合将分三个层次进行。第一个层次是指传统媒体(报纸、广播、电视、杂志)与新媒体(互联网、手机)之间在内容和营销领域的互动与合作。第二个层次是媒体组织结构性融合，即“一个传媒公司或集团同时拥有报纸、电视、广播、网络等媒体形式，各媒体间在统一的目标下最大程度地实现新闻资源的共享、开发与整合，各媒体平台协同运作”。第三个层次是“随着媒体整合的深入和传媒科技的发展，数字化将成为未来各媒体平台共同存在的形式，可能出现网络、媒体、通信三者的‘大融合’，打造出全新的融合多种媒体形式于一体的数字化媒体平台”，通过十年的发展这种设想已经成为现实。

随着社会的发展和科学技术的进步，媒介融合必然会出现更多的表现形式和传播手段，而且它的发展趋势是我们难以预测的。从近年来的文献研究中可知，尽管学界业界对媒介融合的观点与定义不尽相同，但都从不同的侧面阐述了媒介融合是泛媒体时代的必然发展趋势。纵观业界与学界的研究实践，可以发现一些共同点，即二者都是基于传播者的角度来进行思考和改革，若将传受双方的角色壁垒打通，媒介融合所涉及的范围将会得到进一步的拓展。

1.2.2 社会化媒体和电视媒体融合的相关研究

社会化媒体发源于国外，因此国外对社会化媒体的研究起步较早。2007 年安东尼·梅菲尔德(Antony Mayfield)在其专著《什么是社会化媒体》(*What Is Social Media*)中把社会化媒体描述为给予用户巨大参与空间的在线媒体，书中通过对社会化媒体的特征、形态和运作方式的详细论述，对社会化媒体进行定义。但是由于时间的局限，在这本书里尚未提到社会化媒体中最具代表性的微博、微信类的应用。2008 年国际著名传播咨询公司福莱希乐数字整合传播部负责人大卫·威肯登(David Wickenden)展望了社会化媒体的三大发展趋势，即社交网络社区的数量攀升与多样化形式体现，消费者参与到市场生产营销过程中，自媒体的进一步整合。埃里克·奎尔曼(Erik Qualman)在其著作《社会化媒体改变世界》中讨论了社会化媒体带来的两种不同的行为方式的转变，一种是预防行为，指人们会尽量避免在社会化媒体上的行为方式的转变；另一种是自我崇拜行为，指人们乐意在社会化媒体平台上进行自我展示。

社会化媒体形态的研究多聚焦于社会化媒体的功能、内容、社交作用和用户上。尼古拉斯·迪尔科普洛斯(Nicholas Diakopoulos)等根据 2008 年总统竞选时社会化媒体体现出的大众态度和情感信息，提出将社会化媒体与电视媒体结合提供社会化视频体验的思路，通过对社会化媒体上网民的发言实时监测网民的态度，以此支持电视节目尤其是谈话类节目的内容。日本学者坂崎武(Takeshi Sakaki)等在《地震撼动推特用户：社会化媒体的实时事件检测》(*Earthquake Shakes Twitter Users: Real-time Event Detection by Social Sensors*)一文中，通过对日本发生地震后的社会化媒体内容分析，提取出社会化媒体的即时性(real-time characteristics)等与其他媒体不同的特点。

社会化媒体的个人表达功能和社交功能是国外学者研究的重点：Dejin Zhao 等认为微博在表达上有如下特点：个人生活状况的频繁发布(frequent brief updates about personal life activities)、即时信息的传播(real-time information)和个人定制信息来源(people-based RSS feed)。社会化媒体的受众研究一直是国外学者研究较多的部分，如在社会化媒体的使用动机上，莫乃嫚(Mor Naaman)等将用户分为以自我表达为主(meformers)和以分享信息为主(informers)。贝尔纳多·休伯曼(Bernardo Huberman)通过统计得出社会化媒体上同时存在由名人和粉丝组成的陌生人网络及由亲友等熟人组成的朋友圈，经分析用户对朋友圈的需求更胜于陌生人网络。通过文献梳理可以得知，国外对社会化媒体的研究已形成体系，从宏观到微观各层面都有涉及。

国内对社会化媒体的研究开始于 2007 年，主要是从社会化媒体特征、功能及传播方式入手。如 2008 年王晓光、郭淑娟在论文《社会化媒体初论》中将所有用户创造内容称为社会化媒体，并对社会化媒体从三种不同的角度切入进行定性。从技术角度来看，社会化媒体是依赖互联网技术，通过社交应用与外界沟通的媒体；从内容特征看，社会化媒体多发布个人感想类的信息，这类信息具有社交性、个人化、对话性等特点；从功能看，社会化媒体可以分为生产型、共享型、聚合型、协调型、社交型、游戏型六大类。但是这种分类并不能包含所有的社会化媒体类型。此外还有一些研究者在社会化媒体的传播方式及与其他媒体的互动上阐述了对社会化媒体特征的观点，张哲于 2011 年在论文《社会化媒体对传播方式的影响分析》中提出了社会化媒体有助于传统媒体提高信息搜集能力、增加媒体间协同合作等方面的观点，但是单从社会化媒体特征对其进行定义具有一定的局限性。同年，吴小坤、李佳运在《微博拓张与社会化媒体的网络结构变革》中挖掘了社会化媒体的网络结构变革原因，认为社会化媒体对传统媒体的渗透将会改变整个传媒格局。为了对国内研究现状有一个较全面的认识，笔者选择了中国知网(CNKI)的检索平台进行了查找，发现目前国内有关本选题的研究主要从以下三个维度展开。

（1）社会化媒体与媒介融合的关系研究。以“社会化媒体”为题名，加上“媒介融合”作为关键词进行复合检索，得到12篇文献，这些文献多是从宏观的角度出发，对社会化媒体在媒介融合背景下的传播模式进行研究，如《社会化媒体与媒介融合的双重挑战》《社会化媒体与媒介融合：双重旋律下的关键变革》《小议社会化媒体：媒介融合的深层影响力量》《社会化媒体时代出版产业IP化运营路径研究》《社会化媒体用户：融合文化下电视社交化的推动者》，从目前发表的文献来看，随着社会化媒体不断发展及相关研究的不断深入，有关社会化媒体对传统媒体产业影响的研究开始不断增多。

（2）电视媒体与媒介融合的关系研究。以“电视媒体”和“媒介融合”为题名进行复合检索，得出的相关文章有97篇，按照内容的不同，可以分为三类：①从理论出发以宏观角度研究电视媒体，如《媒介融合趋势给电视媒体带来的挑战与机遇》《媒介融合时代的电视媒体新变化》《媒介融合视野下电视媒体与新媒体互补发展的研究》等；②立足现实，对媒介融合环境下电视媒体的现实问题进行对策研究，如《解析基于价值增值的电视媒体“大编辑部”模式》《媒介融合背景下电视媒体编辑记者的多元化创新探讨》《媒介融合态势下广播电视媒体道德激励功能及其实践研究》等；③对媒介融合环境下电视媒体进行个案或者类型研究，如《我国电视媒体的媒介融合战略思考——试以“一带一路”倡议下的电视媒介表现为例》《媒介融合背景下电视媒体如何做好突发事件舆论引导工作——以2016年抗洪抢险新闻报道为例》等。这些文章的跨度从2008年至2020年，通过学者的研究，可以看到电视媒体在媒介融合的大趋势下，已经走出了一条利于自己发展的道路，传统媒体是否会被替代之争，逐渐转化为求同存异共谋发展。

（3）社会化媒体与电视媒体的关系研究。以“电视媒体”和“社会化媒体”为题名进行复合检索，得出的相关文章有15篇，多是从实践出发研究在媒介融合大背景下电视媒体和社会化媒体在业务实践层面的解决对策分析，如《社交媒体催生电视媒体的社会性》《突发公共事件中微博传播与电视报道的互动分析——以“7·23”甬温线铁路事故发生初期的报道为例》《社交媒体时代民族地区电视媒体的传播力——以西藏电视台全媒体中心运营为例》等。这些文章的跨度从2011年至2020年，由此可见，对社会化媒体与电视媒体的关系研究仍处在不断探索前行的阶段。

此外，在学术专著方面，笔者登录中国国家图书馆网站，以“社会化媒体”为关键词共搜索到馆藏中文专著100本。其中，在2012年和2013年出版的相关中文专著仅有9本，译著14本，以国外的研究较多，国内代表作有沈健的《浪潮求生：社会化媒体时代危机管理及网络营销》、王秀丽的《微行大益：社会化媒体时代的公益变革与实践》等，其中唯一与电视有关的是雷蔚真编著的《社会与电视转型——媒体数字化理论研究》，该书从媒介技术与社会变迁的角度，系统论述了数字化过程中电视转型所产生的影响。这一时期的著作以实践类为主，但多把媒介融合作为一种大背景，宏观地讨论媒介与社会的关系，而专门探讨社会化媒体与电视媒体融合研究的较少；2014—2016年的相关著作中，中国学者开始崭露头角，彭剑的《社会化媒体舆论传播与引导研究》、陈晞的《社会化媒体中的品牌危机传播研究》等，更加聚焦社会化媒体在中国的落地，国内可供研究的社会化媒体案例也开始逐渐增多；2017—2020年的相关著作中，中国学者更多地把目光投向具体的实践环节，像夏志杰的《社会化媒体不实信息的群体干预模式研究》、张晋朝的《信息需求调节下社会化媒体用户学术信息搜寻行为研究》等，对社会化媒体的使用方式进行多样化的探索，社会化媒体行为已经深入人们生活的方方面面。

总的看来，这些研究从不同的层面和角度切入，也取得了不少研究成果。从某种程度上说，本选题的研究也是在上述研究的基础上进行的，并受到了其中一些观点的启发。

1.3　社会化媒体与电视媒体融合的研究视角与研究方法

也许在2009年社会化媒体刚出现在国人视野中的时候，大家还未曾想到这短短的一百字左右的信息量正在默默地改变着整个媒介生态的发展，社会化媒体的繁荣发展为中国的民主进步、经济发展、文化传播都提供了更宽广的平台。作为新媒体中风头正劲的社会化媒体，会让很多眼光仅仅局限其上的人产生一种“微博或者微信等社会化媒体就是整个世界”的错觉。但通过仔细分析就可以得出，在当今社会还有一部分人或一部分场合会选择电视媒体作为信息接收渠道。虽然现在的媒介大环境是各个广电集团、出版社都开始加大对新媒体尤其是社会化媒体的投入，但是传统媒体的主导地位一直也未曾动摇过。我们简单地把媒体按时间出现划分为新媒体和传统媒体，会限制我们对媒体利用开发的思路。

现在的社会化媒体，特别是以微博、微信为代表的社会化媒体信息发布平台，已经形成产业，拥有专业的从业人员。社会化媒体的操作平台不仅局限于计算机、手机，其他移动终端也可以操作，这也就表明我们可以在同一时段通过不止一块的屏幕，分别满足受众不同方面的信息获取需求，做到多管齐下实现呈几何增长般的叠加效果。本研究是想通过对电视媒体和社会化媒体交互方式的系统研究，从社会化媒体自身的显著特点出发，考察电视媒体与社会化媒体实现交互的多种形式，总结出电视媒体与社会化媒体之间互融的传播规律，从而有助于电视媒体与社会化媒体在未来的发展中实现更好的交互合作。并在提高这一独特的组合媒介的内在品质之后，探讨如何利用其独有的特性与经济、政治、文化进行对接，利用媒介优势扩大应用范围，总结这种组合媒体可持续发展的几条路径，以丰富电视媒体和社会化媒体间融合的研究视角。

本文的研究视角以小见大，从社会化媒体和电视媒体的融合特质入手，用发展的眼光和融汇不同社会存在[①]的视域来研究社会化媒体和电视媒体融合的问题，避免机械化的推导和结论。基于此，本文还将采用量化研究和质化研究相结合的方法进行深入剖析。

(1) 数据分析法。数据分析法是纯粹的定量分析方法，使研究对象在数据的指导下让人们具有更直观的认识和感受，对象间的关系与影响程度也在数量间变得清晰。数据分析法具有严格的时间和地域限制，失去时效性的数据不具有科学价值，因此文中涉及两部分数据：一部分数据是笔者利用问卷调查法对受众进行广泛的数据调研所得，通过掌握的大量一手数据资料，分析媒介整体发展趋势，清晰族群定位，对群组数据进行挖掘分析。另一部分是对已有的权威社会化媒体网站及电视媒体的总编室及研发部定期汇报的数据进行分析，在这些数据基础上进行二次整合分析。在数据分析过程中，为了保证研究结果的客观性与科学性，作者会将定性研究方法与定量研究方法交互使用，进行有效补充。当研究样本不足以说明假定问题时，作者就会借助定性分析中归纳演绎法使研究具有科学性和普遍适用性。

(2) 文献分析法。广泛查阅与论文相关的文献，主要关注与媒介从业人员、媒介内容生产、受众群体、产业层面四大部分相关论题的著作。媒介传播是一门综合学科，在研究媒介的变化发展过程中，会需要心理学、社会学、经济学等领域的相关经典论著和最新研究成果。通过对以上相关文献的分析，对论文的相关论点进行精确论证；对既往的研究视角和观点进行梳理定性，通过比较研究使研究对象的本质和特点得以明确，为论文的深入展开奠定基础，并试图通过研究延伸已有的论述成果。

(3) 案例分析法。案例是对观点进行论述过程中最直观、最生动的论据。本书中将对大量案例进行分析。部分案例用来阐释媒介的传播特征，阐明不同媒介平台上的传播特点是怎样的；部分案例用来作对比，考察相似事件在不同媒介平台的处理方式、不同时间段对同一事件的传播又有哪些不同；部分案例用来挖掘不同媒介平台下事件传播背后的推动机制以及影响因素。本书是关于媒介融合形态的前沿性研究，案例分析必然会作为书中的重要论证手段，独特的解读视角甚至可以成为本书的亮点。书中呈现的案例为 2011 年至今的利用国内外社会化媒体与电视媒体平台进行传播的热点事件。

(4) 深度访谈。关于社会化媒体和电视媒体的融合路径，作者从效果分析的角度着手，无法完全关照过程中两者相互影响的所有互动机制，以及其中每一个微妙的因素对结果产生的影响，更无法对特殊案例做出特别的解释。与此同时，书中

---

① 《新民主主义论》中，毛泽东同志运用历史唯物主义论述了政治、经济、文化三者之间的辩证关系。“一定的文化(作为观念形态的文化)是一定社会的政治和经济的反映，又给予伟大影响和作用于一定社会的政治和经济；而经济是基础，政治则是经济的集中表现。”根据毛泽东的论述，它们都属于社会存在的范畴。(《毛泽东选集》合订本第 62 页)

涉及的关于从业人员素质、产业层面的文化与社会学方面的问题探讨需要由对话形式完成。基于此，有必要采用客观、深入、冷静的深度访谈形式，以弥补冷冰冰的数据表达的不足。

本书的选题源于作者在研究生学习期间对媒介融合方向的密切关注，以及工作后十年间积累的大量样本。从社会化媒体开始只被人视作微缩版的 140 字博客，到今天成为一种兼具视听、互动功能的，具有影响力的传播手段，并在十年内迅速成长为可以和电视媒体并驾齐驱的主要媒介平台，作者见证了其完整的成长变化过程。社会化媒体和电视媒体的交互绝不仅仅停留在媒介形态改变的表层，更深层次的背后根源是社会化媒体"影响力"和电视媒体"公信力"的博弈。因为媒介的融合发展，受众可以真正从自己的社会条件出发去解读媒介文本，并建构意义，从而二次创造形成循环。所以，在当今社会化媒体建立的新型传播模式下媒介的研究最终还是要落实在"人"上，"人"是所有问题的制造者和接受者，脱离了以"人"为基础的研究是无法立住脚的。综上所述，本文的研究会从不同的层面和角度，根据两类媒体的自身特点，特别是社会化媒体这一新生事物的特点，详细剖析两类媒介的融合情况，在"以人为本"的基础上，通过对"人"的选择也就是对观众选择的考察，提出社会化媒体和电视媒体的最优融合路径。上述研究视角和研究方法是这一论题可以继续深入研究的基础和指导思想，如果本书的研究能够在媒介形态演变的学术探索中略有所得，那也是因为前辈的研究者给予了作者无论在理论上还是在实践上宝贵的思想火花。

第 1 章重点确定了社会化媒体和电视媒体的概念，厘清了媒介融合的国内外研究视角和已有研究观点，为接下来的章节打下坚实的基础。

第 2 章讨论社会化媒体与电视媒体融合发展的表现形式。该章先从宏观层面对电视媒体与社会化媒体的现有互动模式进行了整理，并通过国内外常见的互动模式对比，横向摸清了现有社会化媒体和电视媒体的互动模式；再从中观层面出发，通过大量的鲜活案例解构电视频道与社会化媒体融合的情况；最后从微观层面出发，通过案例分析电视节目与社会化媒体的融合情况。作者将在中西方的横坐标与电视媒体和社会化媒体融合层面的纵坐标中框定研究的立足点。

第 3 章对社会化媒体背景下电视媒体融合发展的动因进行分析。该章从内容生产制作的融合、媒介形态的技术实现、受众行为模式的变化、产业层面的改变四个部分详细探讨两种媒介融合发展的内在动因。在内容生产制作上，社会化媒体为电视媒体提供了大量的信息源，但是社会化媒体的片段式、碎片化信息不能完全满足受众的信息需求，所以电视媒体需要负责把信息填充完整。反过来，电视媒体呈现出内容时间固定、单向传播、时效性强等特点，其传播溢出的影响力需要在社会化媒体上充分消化。媒介形态承载着媒体内容，因为普及了便捷的互动操作技术，社会化媒体与电视媒体的融合才有了切实的硬件基础，否则一切都是空谈。受众行为模式的变化更明显地体现在作为受众的每一个个体对所处的受众大环境的新感知上。新媒体环境下的受众呈现出更强的个体差异，在社会化媒体和电视媒体融合的情况下，受众主动选择自己感兴趣的内容，通过转发、评论的方式凝聚自己的群体，形成舆论影响，再反作用于社会化媒体与电视媒体。产业层面的改变是基于以上几种改变之后的调整，产业内部的组织管理与运作模式都会随媒介的发展而有所变化。

第 4 章是社会化媒体与电视媒体融合发展的指标体系建立及效果分析。通过前三章的分析，我们可以得出影响社会化媒体和电视媒体融合发展的最突出、具有鲜明特质的四大指标：一是媒介一线从业人员的业务素质。本书会细化在社会化媒体与电视媒体的融合趋势下，一线从业人员应该具备的业务素质指标，通过访谈和数据分析的方法检验指标的科学性。二是电视媒体内容生成与社会化媒体内容发布的关系分析。根据研究我们发现，在内容生产方面，电视媒体和社会化媒体的互动主要表现在“发布”这一行为上，是“发布”的这一行为促成了受众之间的联系，汇聚信息引发讨论，最终作为电视媒体的信息源再次传播，所以了解是哪些原因影响了内容的生成和发布是十分必要的。三是社会化媒体背景下受众的选择行为分析。社会化媒体时代，受众不再是一味地被动接收信息，而是在获取信息的同时创造生产新的信息内容，充当信息源头。新媒体环境下社会化媒体日益发挥作用，使权威媒体机构的刺激影响减弱，让受众可以真正从自己的社会条件出发去解读媒介文本，并建构意义。电视媒体对信息把关的让渡变相地要求当代受众的媒介素养，如何把社会化媒体的巨大影响力和电视媒体的公信力进行合理有效的配合，为信息的传播达成更好的途径，首先就要掌握拥有把关权的受众的行为方式。四是从媒介融合下组织机构和产业转型切入，通过对管理层的调研访谈，了解当下受众由频道消费向内容产品组合和多层次服务消费的转变对电视媒体在组织结构及产业方面所带来的影响。如今电视媒体组织结构从频道管理中心逐渐转向以目标受众为中心的管理模式，内容原创与内容传播的分离使产业组织结构发生了很大的转变。该部分会通过科学方法的考察为社会化媒体与电视媒体的融合发展提供一定的具有参考价值的理论指导。

第 5 章讨论新融合模式与经济、政治、文化的互动。中国社会科学院副院长李慎明曾说过：互联网和手机等新媒体在发展广度上高歌猛进，快速向全球扩张。在发展深度上，新媒体的社会化水平进一步提高，并全面渗透至经济、政治、文化、军事等诸多社会领域的各个方面的各个角落。[①] 2020 年发布的《新媒体蓝皮书：中国新媒体发展报告(2020)》指出，新冠肺炎疫情加剧了百年未有的大变局，人们在居家期间切身感受到了新媒体对日常生活、学习的深度卷入，新媒体正实实在在

---

① 刘奕湛. 社科院：新媒体渗透至政治经济文化诸多领域[EB/OL]. (2011-07-12)[2013-02-21]. http://news.xinmin.cn/domestic/gnkb/2011/07/12/11380951.html.

深刻改变着全球的传播格局和发展机遇。[①] 与一切社会系统的互动关系一样，大众传媒既受到经济、政治、文化的影响和制约，同时，它又以自己的功能和特性影响经济、政治、文化的发展过程，并发挥着一定的经济、政治、文化作用。该章横向地从经济、政治、文化三个方面探讨新模式如何与现有的社会环境互动，让新的融合模式更好地服务于我们所处的社会环境。

第 6 章提出社会化媒体与电视媒体融合发展的路径选择。总结出最适应现阶段的社会化媒体与电视媒体的融合互动路线，从主要的融合特质出发，对中国的社会化媒体背景下电视媒体融合发展提出有效的建议。

第 7 章结语。该章分析研究仍存在的不足，并对新旧两类媒介的融合研究提出作者的展望。这种新的传媒格局必将为我国传媒产业创造更繁荣的未来，促进媒介经济的增长空间不断扩大。社会化媒体与电视媒体的互动会从更深层意义上建构媒介化社会的社会意义和个体意识，并最终成为推动媒介化社会形成的核心动力。大势所趋的媒介融合趋势必将给活跃而繁荣的中国媒介市场带来崭新变化，同时将给媒介产业的发展带来新的机遇和挑战。

1.4　社会化媒体与电视媒体融合研究的意义

社会化媒体是当下新媒体环境中最具有代表性的新型交互媒体，在业界具有约定俗成的意味，特指以博客、微博客、维基、抖音等为代表的新媒体技术应用所创新出来的媒介形式。社会化媒体以“聚合”为核心点，将一种或多种内容（或软件、网站）组合到一起发挥作用，表现出受众参与、内容公开、互动交流、双向对话、社区化、连通性六大特征，利用社会化媒体平台把各类微不足道的价值碎片聚拢成强大的话语力量和丰富的价值表达。单从近年发生的众多国际重大新闻的主要报道来源就可以看出，社会化媒体今时今日对传统媒体所产生的巨大影响。

在当下的媒介时代里，我们惊异地发现专业媒体人在重要事件报道和节目议程设置方面往往输于没有任何专业训练的普通网民。全民表达时代的来临和社会议题上“围观式共景”视角的形成，使这种微内容、微价值的聚合力量令人刮目相看，传统媒体的角色和责任必然发生深刻的转型。电视媒体从业者的任务已经从内容生产者转化为内容解析者，其所获知信息的便捷性远远不如无处不在的老百姓。但是社会化媒体所生产的内容只是针对具有显著性的、片段式的、以彼此割裂状态传播并且以病毒扩散的方式进行大肆渲染的信息，而忽略了一些不具备显著特质的事实，并没有有机的结构把这些碎片串联起来，客观逻辑地展现事实，从而造成“还原”真相的关键性缺失，变成了“有主张，无论据”的大众消费。因此，补充

---

① 王春燕.《中国新媒体发展报告（2020）》发布[EB/OL].（2020-08-07）[2021-03-10]. http://cass.cssn.cn/zuixinwenzhang/202008/t20200807_5166943.shtml.

人们在不对称的社会认知中的关键论据性信息，便成为电视媒体的责任和价值。根据CSM媒介研究数据，受新冠肺炎疫情影响，2020年上半年电视平均到达率为51％，超出2019年同期1.2％；人均收视时长和观众人均收视时长均大幅增长，其中观众人均收视时长达到286分钟，超出近5年同期30多分钟，2020年1—5月湖北卫视新闻收视增幅高达516.7％。由此可知，电视媒体在新媒体的冲击下仍然具有不可替代的重要位置，特别是在社会紧急事件发生的关键时期。只是现在电视媒体的专业责任更多地体现在实现社会表达意见的平衡、关系的平衡、情绪的平衡上。电视媒体所做的更多是合理采用社会化媒体平台上各类微小的价值碎片，并在其聚拢成强大的话语力量和丰富的价值表达后，对一个时间段内的事件发展过程做出明确的细节补充和客观逻辑呈现，把节目内容，媒介平台的选择，对节目意见参与、评价及决策都交由用户进行取舍。

综上所述，现阶段社会化媒体已经和以电视媒体为代表的传统媒体发展为融合的趋势，形成了互相补充的局面。因此，本书选择了“社会化媒体背景下中国电视媒体融合发展路径研究”为研究对象，希望从生产实践维度、媒介形态维度、受众效果维度、中西方比较维度四个方面，来探讨两类媒介之间相互作用所产生的新型内容生产及运作模式，厘清现阶段电视媒体与社会化媒体在宏观、中观、微观三个不同层面上的优势互补及应该关注的问题，由表及里地挖掘出适应媒介发展规律的电视媒体与社会化媒体的融合模式。并在提高这一独特的融合模式的内在品质之后，探讨如何利用其独有的特性与经济、政治、文化进行对接，利用媒介优势扩大影响范围，分析这种巨大影响力促进社会变革的可行性。最终提出适合中国国情的社会化媒体背景下电视媒体融合发展的路径。

第2章

社会化媒体背景下电视媒体融合发展的表现方式

2.1 历史发展视野下的媒介融合模式探讨

媒介的融合发展根据其出现的时间可以排序为：由组织融合到资本融合再到传播手段融合，最后形成媒介形态融合，是一个动态过程，但是这四种不同层面的媒介融合之间不是替代性关系而是递进共生性的关系，所有的融合形式在当下的媒介环境里都仍然存在。组织融合是媒介融合的第一步，主要是一种简单的利用媒介各自不同的优势，形成战略联盟的形式。资本融合是把媒介投入市场，在市场环境下跨平台、跨行业领域的互补，这种融合形式更深地挖掘了媒介融合的行业延伸范围。传播手段融合是利用媒介的整合优势，把所有的媒介形式都放在一个平台上做到内容相互推荐和资源共享，这一阶段建立在之前资本融合的发展之上。传播手段融合是一种有效、有机的媒介整合发展方式，这种方式已经非常近似于媒介融合现有的最高形式。随着传媒手段融合涉及的领域不断扩大，其越来越趋向于形成一个大的媒介融合终端，也就是媒介形态这一现有最高融合形式。媒介形态融合是指依托科学技术的发展而产生一种新的媒介，可以融合几种乃至全部媒体的优点，在这基础上实现广播、电视、报纸、网络、杂志等内容的共享，是现阶段媒介融合所能达到的最高境界。

2.1.1 媒介组织融合

媒介组织融合是指依托行政力量、市场导向、文化驱使而形成的一个简单媒介组合。这种融合只存在于管理层面，并没有合理地进行分工或资源配置共享。在最初国内的许多报业集团都进行过组织层面的融合，融合的表现仅仅是以报业集团的名义下设了一些其他媒介部门。1996 年 1 月，经中共中央宣传部同意，国家新闻出版总署批准，中国第一家报业集团——广州日报报业集团正式挂牌，其通过整合旗下的资源，利用集团的先行效益和体制优势快速发展，取得了很好的社会效益和经济效益。之后，各地掀起了一股组建报业集团的热潮，截至2004年底，经新闻出版总署批准设立的报业集团共有40家，另有20多家未经国家有关部门批准、由地方宣布成立的报业集团。

新媒介形态的出现，导致了人们在节目制作观念和运作方式上的改变，与之相对的组织方式也随需要进行了改革，媒介组织方式的改变在国内多是通过行政力量干预进行的。1999年，国内第一家成立的广电集团——无锡广播电视集团就是在无锡当地政府的支持下进行的试点。此后，政府主管部门还特别出台了鼓励组建广电集团的规定，国务院办公厅在转发信息产业部和国家广电总局《关于加强广播电视有线网络建设管理的意见》中，明确提出“电视与广播、有线与无线合并”。一年后，湖南等地纷纷在地方政府和主管部门支持下成立自己的广电集团。随着新媒体的不断迅猛发展，浙江、贵州等地广电集团纷纷挂牌成立融媒体中心，央视更是在2019年正式成立央视频融媒体发展有限公司，为总台综合性旗舰客户端提供市场化的运营与技术服务，与总台视听新媒体中心一起建设总台5G新媒体平台。从20世纪90年代至今，媒介组织上的融合一直从未间断过，报业集团、广电集团、融媒体中心已经成为常见的媒介机构形式。这也明确了媒介组织融合是日后媒介融合发展的重要基石，只有完成了组织层面的融合，更高层面的融合才有落脚之地，组织融合是其他更高层面融合的基础。

2.1.2 媒介资本融合

媒介资本融合是指在市场化调控下，拥有优势地位的媒介集团通过资本运作，完成对其他类型的媒介或媒介集团的收购或合并。传统媒体要实现自我创新和突破，必须与新兴媒介融合、与文化融合、与资本融合。传媒产业是资金密集型产业，相对来说投入越大收益才会越大，传统媒体必须能够成熟地以市场的方式获得融资，才能不断地进步创新。媒介资本融合更多的是一种横向的融合方式，覆盖的领域较广泛，媒介集团通常采用吞并收购或结成战略联盟的方法进行媒介资本的融合。早在2006年，中国移动就对星空传媒持有的19.9%的凤凰卫视股权进行了收购。根据达成的协议，中国移动和凤凰卫视将在媒介内容方面实现资源共享，凤凰卫视通过与中国移动的资本融合获取了更大的资源优势，实现了集团版图的进一步扩张。2013年12月，香港电视网络宣布以逾1.42亿港元收购中国移动香港子公司获得频谱以提供移动电视服务。2020年12月，阿里宣布入股芒果传媒，阿里创投成为芒果传媒的第二大股东，为湖南广电带来62亿元增量资金，扩大了双方在新型内容电商、内容创新合作、高净值客群流量引导变现、跨平台资源共创共享等领域的协同效应。

而战略联盟的方式则多用于双方的交易成本在内部沟通成本可接受范围之内时，双方会根据战略协议各取所需达成共识。如2012年1月，奇虎360与CNTV

宣布全平台战略合作，在内容、平台全方位进行对接。360桌面将内置CNTV应用，用户将可以在360桌面内部观看央视及全国卫视的直播和点播，此外还推出了CNTV专属浏览器供用户收看电视内容。奇虎360则可以利用央视无可比拟的电视内容资源优势增加用户的黏性。2014—2021年，央视春晚陆续与微信、支付宝、淘宝、百度、快手、拼多多开展独家互动合作，累计发放超过40亿元的红包总额，促进了央视春晚的收视互动和互联网公司的流量提升。

资本融合不但存在于媒体行业之间，跨界的战略联盟也是资本融合的一种方式。时至今日，采用跨界的媒介资本融合进行合作的方式越来越常见，特别是与电视影响互动最多的互联网企业，开始扎堆向电视领域进军。2012年1月乐视网因为其进军互联网电视的未来战略需求，与CNTV签署了战略合作协议。乐视网通过与CNTV的合作，获得了相当于广电总局牌照的销售乐视云视频超清播放机的通行证，对其即将推出的乐视TV云视频超清机系列产品起到了很好的推动作用。2013年9月传统电视制造品牌TCL和百度爱奇艺联合推出旗下首款智能电视产品"TCL爱奇艺电视——TV+"。在这款产品上TCL主导了产品研发、制造和售后服务，华星光电负责上游屏资源供给，拥有内容优势的爱奇艺提供互联网技术和影音内容支持，将产业链各环节中的强势企业和资源整合起来，充分发挥了各方优势，并实现资源和技术的有效互补。"TV+"植入了多屏互动、TCL酷盘云空间等互联网元素，用户无需另付费就可以在"TV+"上观看超过20万辑高清视频内容，并且可以实时更新收看和电视平台同步播放的电视内容。TCL爱奇艺电视"TV+"的发布，一举开创了跨界合作的新模式和产品新形态。如今传统电视厂商以及互联网厂商纷纷加入智慧屏阵营，据不完全统计，已有华为、TCL、苏宁、康佳、荣耀等超过20个品牌商推出了"智慧屏"产品，在售产品型号更是达到了百量级，已经成为电视消费领域的新亮点。

2.1.3 媒介传播手段融合

传播手段融合从浅层来说就是用新的科技改造传统媒体，从深层来说则指媒介机构在大的平台上进行不同媒介传播手段的整合，实现资源的共享和相互推销，也就是现在报业集团、广电集团多推崇的大编辑部制。

2000年3月，由中共北京市委宣传部主导，率先把北京人民广播电台、北京电视台、北京青年报社等9家传统媒体机构组织起来，创建了国内第一家综合性新闻网站——千龙网，实现了不同媒介传播手段在统一平台下管理的首次尝试。2000年5月，上海精文投资有限公司、上海文化广播影视集团、上海文广新闻传媒集团、上海东方明珠(集团)股份有限公司、上海信息投资股份有限公司、文汇新民联合报业集团、解放日报报业集团、上海教育电视台、劳动报社、青年报社联合组建了具有多媒介融合的现代传媒集团特色的大型综合性网站——东方网。东方网通过整合不同媒介平台上的内容信息资源，把从信源采集到上传发布的最短时间控制在了

3分钟之内,使东方网具备了上海媒体中重要新闻的“首发”能力,日均处理信息4000条,拥有中、英、日三个语种的网站,具备了所有互动功能、媒体新闻传送能力和直播能力。在国外的全媒体、大媒体实践上,美国的媒介综合集团(The Media General Company)是一个必定会提到的案例,它把30多个媒体放在一个平台下,包括TAMPA先驱报、WFLA电视台和TAMPA BAY在线。除了新闻采集是统一通过新闻中心之外,三家媒体各自拥有独立的决策机制,可以自由选择自己想要报道的方式。比如,在处理突发性的新闻事件上,电视媒体会采取即时直播的新闻报道方式,而报纸则倾向于连续报道及交代事件的背景资料。不同媒介的合作方式有两种,小规模事件的报道多是采用互相引用内容的形式,像WFLA电视台常在电视节目中提到,“今早《TAMPA先驱报》提到……”;当大规模事件出现时,新闻中心则会动用多媒体协同合作进行全方位展示报道。

在国内这样的案例也不胜枚举,其中较成功的当属上海第一财经传媒有限公司。2003年8月,上海文广新闻传媒集团(Shanghai Media Group,SMG)整合旗下原上海电视台财经频道和原上海东方电台财经频率的经营性资产,推出了“第一财经”。2004年11月,SMG又联手广州日报报业集团和北京青年报社推出了《第一财经日报》,时至今日“第一财经”品牌整合旗下第一财经日报、第一财经周刊、第一财经频道、第一财经频率、一财网等资源,实现了中国传媒业第一次真正意义上的媒介传播手段的融合。跨媒介平台的传播手段融合随着科技的进步也在不断地发展,传统媒体不断地吸收新媒体的优势,重新优化自己的媒介格局,如宁波日报报业集团在2007年推出《宁波手机报》等以手机为载体的报种,成为当地发行量最大的新媒体之一。随后又在2009年成立3G事业部试水手机报和手机电视,实现即时互动的移动新闻播报,形成了全媒体数字技术平台解决统一平台问题,新闻网站解决内容载体问题,手机报等新媒体解决多终端发布问题,报网互动解决资源整合问题的联动平台。

第一财经、宁波日报报业集团这类的融合是一种以内容为导向的传播手段融合,注重内容资源的整合优化共享。还有一种是以湖南广电集团为代表的以受众为导向的传播手段融合,除了常见的广播、电视的传播手段融合之外,湖南广电还以市场化运作的方式把传统媒体和新媒体进行了对接,打造出了全新的媒介传播手段模式和产业链。2009年11月,湖南广电与上海盛大网络公司合作打通了中国最大网络游戏和文学平台与最强地方卫视平台的资源。2009年12月,湖南卫视与浙江淘宝网络有限公司正式签署协议,成立以现金占股为方式的湖南快乐淘宝文化传播有限公司,打造了以嗨淘网和中国第一档电视商务互动节目《越淘越开心》为平台的大零售商圈,开发电视与网络融合互动的电子商务交易业务。2010年5月,同湖南广电与腾讯公司签署战略合作框架协议,将旗下艺员经纪、新媒体、新业态、卡通动漫等优势业务与腾讯的海量用户资源整合,打造出全新的盈利模式。2010年12月,湖南广电推出SNS社区“芒果圈”“芒果圈”在湖南广电“快乐中国”

的理念上首次提出了“快乐交友”的概念。湖南广电充分利用互动平台资源，借助湖南卫视《我们约会吧》栏目打造陌生人交友平台，《快乐城堡》打造音乐类选秀平台，《芒果星秀场》打造演艺类选秀平台，形成以交友为主体、选秀活动为支持的特色互动社区品牌。“芒果圈”以共同兴趣爱好为切入点，实现对用户的明确分化和再集结，通过交友插件、音乐插件、明星粉丝互动类插件、明星库资讯服务插件等方式方便用户的个性展示和社交，搭建一个离电视屏幕最近的互动渠道，为湖南卫视的节目源源不断输入新鲜资源，实现线上线下的无限扩展。2019 年央视《新闻联播》推出《主播说联播》短视频栏目入驻抖音平台，截至 2019 年 11 月 6 日，其获赞量超过 4600 万，粉丝量破 2200 万，实现央视《新闻联播》收视率逆势增长，受到人们的追捧。

传播手段融合是资本融合的必然结果，也是媒介形态融合的雏形，大范围的传播手段融合已经接近媒介形态融合的形式。

2.1.4　媒介形态融合

媒介形态融合是指在科技推动下，一种媒介载体可以融合几种乃至全部媒体的优点，实现不同媒介内容在一个平台上的共享。现在媒介形态融合的呈现方式有很多，我们常见的有 IPTV、互联网电视（OTT TV）、各类移动终端等。

2005 年 3 月，原上海文广新闻传媒集团获得国家广播电影电视总局颁发的国内第一张 IPTV 商业运营牌照，并于 2006 年 9 月在上海全市开通 IPTV 商用业务。上海文广和上海电信合作推出的 IPTV 是目前国内用户规模最大、最成功的 IPTV 市场，到 2009 年底，上海 IPTV 用户达到 103 万，有近 26％的上海电信宽带用户选用该服务，这是互联网与电视媒体交互式服务在媒介形态层面的新融合。在 CNTV 与百视通等 IPTV 集成播控平台的共同推动下，2012 年全国 IPTV 用户超过 2100 万，与 3125 万的有线双线互动电视用户差距日趋缩小。与此同时，我国的网络视听产业已进入快速发展阶段，2012 年网络视频用户已达 4.5 亿，占全国网民总数的 70％以上，手机视频用户超过 1 亿，并加速向移动互联网环境下的“智能终端＋APP”模式迁移，OTT TV 终端用户也超过 3000 万。[①] OTT TV 通过公共互联网向电视机传输电视内容，是未来的行业发展方向。因为 OTT TV 的提供商选择多样化，既可以是电信运营商，也可以是各种各样的虚拟运营商、电视内容机构，而且不同于 IPTV 只能向电视机提供服务，OTT TV 可以把服务扩展到 Pad、手机、游戏机、机顶盒等各类联网终端上，具备 IPTV 所不具有的多屏分发、多屏互动的特点。

2013 年 5 月乐视推出智能电视，加入抢夺客厅电视的大战。乐视 TV 超级电视采用高端计算机配置，号称是全世界最顶尖配置的超级电视，当然乐视取得成功不只是因为强大的科技实力、比传统电视更低廉的价格，更是因为其拥有的大量内

---

① 探讨传统媒体与新技术融合促进全媒体发展[EB/OL].（2013-03-04）[2013-04-02]. http://www.sarft.net/a/79005.aspx.

容资源。截至2013年，乐视是国内最大的版权拥有者，拥有最全的正版影视库，库存9万集电视剧、5000多部电影，以及2012年60％热播影视剧、2013年40％～50％热播影视剧的视频网站电视独播权。并且乐视旗下的电影公司乐视影业每年还制作和发行近30部大片，海量的内容资源保障了乐视TV的成功。乐视TV面市之后不但取得了一个月销售2万台、盈利超1亿元的收入，更让乐视网的股价在2013年的春天实现了总市值171.84亿元的突破，成为股市“黑马”，搅动了整个资本市场。乐视TV借助牌照运营商CNTV平台，与网络运营商宽带通合作，开发乐视机顶盒，涉足电视机屏，打造“硬件收入＋内容收入＋应用分成＋终端广告”四重收入来源的盈利新模式，为电视行业未来的产业链形成提供了很多新的可以思考的方向。

此外，智能手机等移动终端也是媒介形态融合的重要方向。媒介环境学派巨擘保罗·莱文森曾说过，“我在20世纪70年代就预见到，有一天不管我们当时在世界上的哪个角落，只需要使用我们手中的一个小设备就能够从任何一个地方得到任何信息。有了iPhone，我们现在已经在接近这点了。”[①]他认为iPhone是美国最成功的媒介形态融合案例，因为iPhone这种媒介载体形态的出现为人类实现真正意义上的“媒介是人体的延伸”拉开了序曲。iPhone把报纸、杂志、广播、电视、网络各种媒介以APP的方式聚合在一个平台，形成带有便携、即时特质的移动终端。有很多iPhone的使用者形容，这已经不仅仅是一台手机，而是成为与外界沟通的身体的一部分。

莱文森把当代媒介划分为旧媒介、新媒介以及新新媒介。旧媒介是指互联网诞生之前的一切媒介。它的特征是由专业人士生产、自上而下的单线传播控制，使用时间、空间都比较固定；新媒介是指20世纪90年代互联网上的第一代媒介，其特征是使用者不依靠媒介规定的时间表，自由安排自己的时间去获取互联网上的内容；新新媒介指在20世纪末出现、21世纪兴起的互联网第二代媒介，其最大特征在于使用者即为生产者，使用者可以根据自己的意愿在新新媒介上随时随地发布自制的内容，实现信息的不断循环互动。莱文森预测未来的媒介会具备更加人性化的特点，会有令人类越来越自由的趋势。这里的人性化是指人类希望媒介所具备的智能、便携、即时等特征，而这种特征恰恰就是人类追求自由极致的体现，实际上，iPhone的出现已经快要完全接近这一设想。另一位媒介环境学派巨擘麦克卢汉也说过，媒介是人类的延伸。纸质媒介延伸了人类的记忆和思维方式，广播延伸了人类的耳朵，电视同时延伸了人类的眼睛和耳朵，网络延伸了人类几乎所有的头部感官。而未来的媒介可开发的还有人类身体的触觉和感知，人类将可以利用媒介展开自己的仿真生存“第二人生”，保持媒介随时在线的状态并具有超强的压缩时空的能力，iPhone神话的缔造者史蒂夫·乔布斯也曾在苹果产品发布会上提

① 付晓光，田维刚.媒介融合的前世、今生和未来：美国著名媒介理论家保罗·莱文森访谈[J].声屏世界，2012(1)：26.

到过这一设想。

在国内首部未来媒体蓝皮书《中国未来媒体研究报告(2018)》中提到,在传统媒体与新兴媒介融合发展大趋势下,我国未来媒体发展方兴未艾,除融合化、移动化和智能化的发展趋势外,区块链技术将为未来媒体发展带来新思维,5G技术将为未来媒体发展带来新空间,无界面交互设计将为未来媒体发展带来更多符合人的本性的产品设计。未来媒体以新兴媒体为核心层,外延至由增强现实(AR)、虚拟现实(VR)、混合现实(MR)构成的强调体验的混合现实互联网和以大数据为核心的智能互联网(含物联网),除了具备传递信息的基础功能外,还集合了社交关系、产品服务、使用场景等要素,"万物互联,万物皆媒"的现实越发明显。正如牛津大学互联网研究院院长卢西亚诺·费洛里迪在《第四次革命》一书中所言"任何技术都有一个显著的特性——媒介",从某种意义上说,每一次与媒体有关的技术变革,都是对未来媒体的开启。

2.2　国外常见的融合模式

2.2.1　美国常见的融合模式

根据市场调查组织营销(MarketingCharts)发布的第七年度《美国受众统计报告》,截至2020年12月,新媒体取代电视、广播等传统媒体,成为美国成年人中覆盖面最广的媒体,在2019年报告中,尽管美国传媒媒体受众份额也在萎缩,但广播和电视在成年人中仍然具有绝对优势。美国成年人中有79%每周观看流媒体视频,约78.9%的美国成年人每周至少使用一次社交媒体。在新媒体的冲击下媒介融合成为传统媒体发展的必然走向,美国媒介融合主要经历了以下阶段。

(1) 互动媒体拔得头筹,主导媒体并购市场。在2009年全球金融危机之后,美国媒体的并购市场全面复苏。2009年9月,通用电气实现了对美国全国广播公司(National Broadcasting Compang,NBC)旗下维旺迪环球有限公司的并购,并购内容包括电影影片、电视网络、有线频道,并购总额超过420亿美元。随后,康卡斯特公司于2009年12月实现了对通用电气和NBC的维旺迪并购,并购包括NBC的广播网、有线频道和地方电视台,这是继2000年AOL和时代华纳并购案以来美国最大的并购案例。2010年美国苹果公司以2.75亿美元收购移动广告网络奥迪无线公司,为未来向传媒行业进军铺路。2010年底,AOL收购了TechCrunch、《新闻周刊》与The Daily Beast合并。[①] 种种迹象表明,未来的传媒市场一定是全媒体、跨媒体资源整合型传媒机构的天下,资源的统一化采集、多方面共享、重复性利用

① 2011年新媒体市场10大趋势[EB/OL].(2010-12-21)[2013-04-02]. http://tech.sina.com.cn/i/2010-12-21/01385006446.shtml.

都可以极大地节省成本，发挥聚合效应，产生联动关系，传统媒体可以通过并购实现媒介组织、媒介资本和媒介传播手段的融合。

(2) 媒介形态融合引导产业格局新突破。2011 年是谷歌、苹果和亚马逊三家巨头展开市场混战的一年。苹果公司一直致力于开展 APP Store 的功能应用，逐步开放其功能应用于各种终端，并积极与具有潜力的生产商和服务商形成战略合作，如 2011 年苹果公司最大的战略举措就是同迪士尼公司签署战略协议，获得强大的内容资源。苹果公司正从单一的以硬件和技术为主导的公司转向兼顾软件和内容服务的开发商和服务商。同样 2011 年谷歌凭借其强大的 Android 操作系统、Chrome 浏览器和 Flash 软件团队，为谷歌电视集聚了强大的战略阵容：索尼公司负责谷歌电视的硬件计划，罗技科技负责开发谷歌的电视机顶盒，英特尔公司负责专用处理器，美国本土的卫星电视网络 Dish Network 负责为其提供内容资源，Rovi 公司为其提供诸如语音搜索和个性化应用的前沿开发。互联网技术公司依靠其掌握的核心技术整合软件、硬件资源，开发新的媒介形态，抢占未来媒介市场已成为一种趋势。

(3) 建立云端媒体分发管理体系。随着视频浏览的移动化、网络视频的高清化、网络安全的威胁、视频的全球分发等情况的出现，云端成为可以应对上述情况的解决方案。美国 Akamai 高清网络是全球规模最大、速度最快的在线视频网络平台。Akamai 针对媒体所需要的情况，开发云端的媒体分发技术，为媒体提供了可靠、可用、可扩展的存储。利用其先进的自适应比特率流媒体技术，根据不断变化的带宽状态智能调节视频流的比特率，保证了视频播放的品质。通过云内封存和转码技术实现内容编解码流程的自动化，为不同的连接设备及运行程序提供视频统一编解码。Akamai 还为视频内容提供商提供了完整的端到端、多层次的网络安全，保护了媒体的内容安全和资产品牌安全。

2.2.2 英国常见的融合模式

作为英国的媒介领头羊，英国广播公司(British Broadcasting Corporation，BBC)和维珍传媒的媒介融合成功转型是非常值得研究的案例。2012 年 BBC 在全球范围内的商业收益达历史新高，在媒介融合转型上的投资取得了突破性的增长。同年，维珍传媒为了避免在媒介融合时代流失客户、减少收益，也在内容建设、渠道发展、经营管理等方面进行了升级。

(1) 整合传统节目内容，开发新型节目内容。在内容方面，BBC 对其拥有的大量存档资料进行二次开发，到 2012 年底其可供下载的信息已达到 1200 多万条，为新的媒介平台提供了丰富的历史资源。同年，BBC 国际台关闭了 5 个语言组、7 个语种的广播节目，把这些取消的语种及其他部分语种的节目转向互联网和其他移动平台播出。并根据不同类型的受众兴趣点而非现有的广播电视节目来强化新媒体上的播出内容，实现节目内容从传统媒体向新媒体上的转移，按照新媒体的特性有针对性地进行各平台内容配置。除此之外，BBC还针对新媒体平台设计制作节目，作为传统媒体节目的补充。如BBC的著名汽车电视节目《英国疯狂汽车秀》除了在电视平台播出还在“BBC在线”设有一个专栏，推出可以刊登广告、销售衍生品的商业网站，设计了同名的汽车游戏软件等。另外还设置了用户可以上载内容的平台，使BBC由一个传统的老牌内容提供媒体变成了一个交互型的媒介聚合平台。而维珍传媒在内容方面从用户体验入手，希望能够为用户提供“下一代电视”的收视体验。截至2012年底维珍传媒已经拥有了185个电视频道的直播业务，与BBC、美国ESPN、MTV、国家地理等国际知名内容提供商建立合作关系。以组包形式推出BBC、天空电视(Sky TV)、华纳电视(Warner TV)的点播业务，升级点播技术，方便用户在内容和观看时间方面的掌控。

(2) 积极搭建新传播渠道，拓展多样化服务覆盖。BBC最早涉足的是网络媒体，“BBC在线”已经成为BBC传统媒体的同步和后续播放渠道，截至2012年3月通过“BBC在线”收看BBC网络电视的观众中已有41%来自伦敦以外的地区和国家。BBC还推出适用于苹果公司iPhone和iPod Touch平台的iPlayer应用程序，截至2012年底iPlayer已经在超过650种移动设备或平台上使用，[①]为受众提供约150万个在线广播电视节目，2012年2月iPlayer的使用率创下历史最高，通过该应用程序收看节目的次数达到1.9亿多次。[②] 为了方便用户在智能终端上随时随地接收和下载自己关注的电视节目，BBC推出了“BBC新闻”“BBC体育”等应用程序，还发行了伦敦奥运专题应用程序，直播体育赛况、赛程、新闻等。BBC部分电视节目也进驻苹果公司iTunes，用户可以自行付费下载。现在BBC也在仿效苹果iTunes开发自己的数字化商店，在未来BBC可以按照受众的需求提供更多个性化的节目订阅，截至2012年3月BBC的APP下载量已达到2500万。[③] 2012年BBC对YouView平台进行了大力的开发建设，该平台是由BBC携手英国独立电视台(ITV)、第四频道(Channel 4)、第五频道(Five)、英国电信(BT)、Talktalk和Arquiva等英国传媒和电信公司合资经营的视讯平台，致力于通过统一平台集中提供重播电视服务，用户只需花很少的信息连接费就可以免费安装YouView机顶盒，收看几十个付费电视频道和随选频道，并可以存储即时播放的电视节目。据英国《卫报》记者马克·斯威尼在2013年2月5日的报道2011年10月—2012年2月的半年时间里，约有23万用户订购了YouView服务，并以每周超过1万用户的速度增长。维珍传媒从2011年开始向用户发放TiVo机顶盒，通过新一代机顶盒设备，用户能够看电视、点播、浏览网页、搜索内容等，推动了维珍传媒的“下一代电视”计划。在一年多的时间里TiVo用户数增长了约38倍，从2011年的3.4万户跃升为

① BBC 2011/2012年年报第一部分(BBC Annual Report and Accounts 2011/2012 Part One)，第20页。

② BBC 2011/2012年年报第二部分(BBC Annual Report and Accounts 2011/2012 Part Two)，第13页。

③ BBC 2011/2012年年报第二部分(BBC Annual Report and Accounts 2011/2012 Part Two)，第6页。

2012 年的 130 万户，TiVo 用户在维珍传媒的所有种类用户中占到 34%。为了应对未来大量视频浏览业务的需要，维珍传媒一直不断利用 DOCSIS 3.0 技术进行网络改造。2011 年 7 月维珍传媒推出世界最快的宽带速度 1.5Gbit/s，是当时英国平均宽带速度的近 250 倍。2012 年 1 月维珍传媒又宣布开展新项目，该项目完成后所有用户的网速会提升至少一倍以上。

(3) 成立专门管理部门，整合聚拢现有媒体。BBC 集合原始部门中与新媒体相关的业务，成立了新的部门——未来媒体，专门负责所有数字化产品的运营，包括"BBC 在线"、iPlayer、BBC 红按钮服务，同时还负责开发相应的新型技术。2012 年伦敦奥运会时，在保证网络直播的情况下，提供赛况的回访制作与观众互动节目制作。作为以电视为主要业务的维珍传媒，除立足电视屏幕外还在向其他终端渗透，如建立视频点播网站，利用维珍传媒旗下的电视内容产品吸引用户；推出手机电视播放器，用户可以在播放器上收看数百小时的频道内容；基于云技术启动"维珍电视无处不在"的多屏终端播放服务，用户可以随时随地观看维珍电视内容。

BBC、维珍传媒成功的融合为我们提供了值得借鉴的经验：首先，应对媒介融合的发展趋势，应该注重传统媒体的技术更新，不断调整拓展原有的传播内容和渠道，研发适应市场和观众的新型个性化收看模式，提供多网融合业务组包服务，减少用户流失率。其次，新融合模式要延续原有品牌的价值和内容资源，借助原始品牌的影响力，抢占市场。再次，新融合模式要依赖组织机构上的战略调整，优化资金资源才能更好地实现全媒体的战略格局。最后，加快超高速宽带的建设，为高带宽时代来临抢占先机，为逐步展开各类融合业务奠定基础。

2.2.3 韩日常见的融合模式

韩国的媒介融合主要体现在其强大的科技推动下，传统媒体的更新换代、推陈出新，主要采取的措施如下。

(1) IPTV 培育媒介革新，智能电视激活媒介前沿。根据韩国通信委员会 2011 年发布的智慧韩国通信报告，韩国商业化的 IPTV 服务在世界上起步较晚，但是在不到三年的时间里用户已经超过 400 万，到 2015 年，韩国 IPTV 的用户达到 691 万，占付费广电市场 35.2%的份额，这是对韩国有线网络基础设施合理使用进行革新的有力论据。在 2012 年发布的《韩国通信委员会 2011 年度报告》中，IPTV 已经成为韩国放送委员会培育广电和电信融合的孵化器，以期通过融合方式获得新的媒介收益增长点。而智能电视则是对媒介市场的一次重新洗牌，是一场跨界的盛宴，涉及了广电、电信、互联网、传统设备制造等相关产业。韩国生产企业依靠其强大的科技力量整合了 IPTV 和平板数字显示器，正在占领最大的电视市场份额。在世界智能电视设备市场中，三星的销售量位于第一位，LG 位于第二位，在世界范围内韩国生产商在智能电视部分享有绝对的市场份额。智能电视设备占韩国本土电视设备总销售量的比例已经从2010年的12.8%上升到2011年的22.7%。韩国政府主要推进提升智能电视竞争力，建设内容和服务，为智能电视产业提供基础设施方面的工作，可以说是处于世界智能电视市场的最前沿，韩国政府不但对智能电视的内容、服务、设备大力扶持，相配套的管理制度、Giga Internet商业化和长期频率供给也都正在紧锣密鼓地筹备中。

(2) 云服务确保竞争力，N-screen激活智能通信市场。韩国的云服务有其他国家无法比拟的优势，首先韩国拥有全球最好的信息通信基础设施和世界最低的电力价格，这两大便利条件使韩国的云服务迅速推广成为可能。韩国通过拓展通信服务把互联网数据向云数据中心转移，现已发展成全球的云数据基地。韩国政府为了拓展云服务市场，建立了十分严格的服务监测系统、颁布服务级别协议(SLA)、改进相关法律和条例，因为这些措施的推出保证云服务的质量、稳定性和安全性，避免了信息泄露、合同纠纷等。韩国政府联合广播通信服务提供商拓展M2M终端和服务技术，紧紧围绕日常生活服务的模式开发了N-screen技术。现在韩国的N-screen服务重在研发多终端、跨网络、跨设备的交互操作设计，提高操作系统的兼容性。在未来，超级电视与N-screen和云服务结合之后产生的巨大效应将会在信息通信和媒介市场上引发连锁反应，打造韩国新的媒介格局。

2010年被称为日本的"社会媒体元年"，智能手机、平板电脑和智能电视的迅速普及，使新型内容产业随之萌芽，也推动了日本传统媒体的数字化转型。2011年7月日本除了地震灾区外全面实现了电视由模拟信号向数字信号的转型，同年8月，NHK及本部在东京的五大民营电视台就Video On Demand——互联网付费点播服务达成合作协议。日本手机电视市场也在持续不断地扩大，有高达1.113亿的搭载OneSeg的手机用户可以通过手机收看电视。日本著名的朝日电视台每天通过其移动电话系统，向用户播发几分钟的视频新闻。目前，在手机上实现电视与数据广播的互动，已成为日本几大主流媒体采用较普遍的业务方式。①

2.3　社会化媒体背景下电视栏目的融合表现

电视栏目是电视媒体最基础的内容载体表现形式，电视栏目与社会化媒体的互动也是这两类媒体互动中最具体、最频繁的部分，本节用案例分析法把《爸爸去哪儿》作为研究样本，深入分析电视栏目利用社会化媒体的特点拓展、延伸第二块屏幕的方式。现有社会化媒体与电视栏目的融合主要体现在三个方面：电视媒体和社会化媒体联合宣传造势，电视媒体借助社会化媒体平台与受众互动，电视媒体借助社会化媒体拓展节目话题。

---

① 胡正荣.全球传媒产业发展报告(2012)[M].北京：社会科学文献出版社，2012：54.

2.3.1 预备期借助社会化媒体宣传造势

在经历了各种选秀类、相亲类、求职类真人秀节目的轮番登场后，2013 年 10 月 11 日湖南卫视推出的小清新亲子类真人秀《爸爸去哪儿》带来了电视屏幕和手机屏幕的双重热潮，《爸爸去哪儿》的全国网收视率稳定在 2.69%左右。节目组选择社会化媒体中新浪微博这一超过 5 亿用户的媒介平台作为《爸爸去哪儿》的宣传主力，打出了漂亮的一仗。

《爸爸去哪儿》造成的热度效应可以通过几组数据显示出来，2013 年 11 月 27 日，在距离《爸爸去哪儿》第一期节目播出的一个多月的时间，新浪微博搜索的数据显示，在微博中提到《爸爸去哪儿》的微博一共有 31 630 882 条，而这仅仅是提到该节目的微博数据，对于 5 组父子父女档的微博评论更是不可计数，仅以最受瞩目的爸爸林志颖为例就有 24 799 871 条。林志颖的个人微博粉丝数已经达到 35 945 594 个，月增粉丝数 461 万个。根据新浪微博风云榜的数据，2013 年 10 月的媒体电视类影响力中，《爸爸去哪儿》作为开播仅半个月的栏目在月排行榜上排在第三的位置，远远超过了王牌节目《中国好声音》《非诚勿扰》，成为排名第一的娱乐节目(图 2-1)。

2013年10月排行

排名	昵称	影响力	查六度	热度	认证说明	+一键关注
1	央视新闻	1343 ↑			中央电视台新闻中心官方微...	✓已关注
2	央视财经	985 ↓			中央电视台财经频道	加关注
3	爸爸去哪儿	973 ↑			湖南卫视《爸爸去哪儿》官...	✓已关注
4	湖南卫视	890 ↑			湖南卫视官方微博	加关注
5	凤凰卫视	889 ↓			凤凰卫视官方微博	✓已关注
6	CCTV音乐	828 ↑			中央电视台音乐频道微博	加关注
7	2013快乐男声	817 ↓			湖南卫视2013《快乐男声》...	加关注
8	CCTV证券资讯播览	812 ↓			CCTV证券资讯频道节目组	加关注
9	安徽卫视	788 ↑			安徽卫视官方微博	加关注

图 2-1 2013 年 10 月新浪微博媒体风云榜排名

在节目开播之前一个月，节目组就开始在微博平台发布《爸爸去哪儿》节目中的 5 组明星父子父女的卡通形象海报和概念宣传片、全球首发宣传片，并且在微博平台发布的宣传片和电视台发布的宣传片采用了不同的版本，以带动微博用户的搜索好奇心，同时节目组还转发参与节目的 5 组父子父女的个人微博内容，用来吸引这部分明星的粉丝，保证节目拥有一部分稳定的收视观众。在《爸爸去哪儿》节目组的微博里一直都保留有一个名为“大头娃娃”版块，时长基本控制在 15 秒到 1 分钟，内容主要是简单的卡通父子父女形象和父子父女间的有趣对话，以动画形式呈现。该版块从栏目尚未开播时就已成为了一个固定版块，每一期新节目要播出的前几天就会推出有关这期新节目内容的“摇头娃娃”父子父女对话系列。除此之外，节目组在节目首播前两天还采用电视台、网络的双屏直播方式发布了《爸爸去哪儿》节目首映礼的完整内容，引发网友的大量参与讨论。因为节目组前期在微博上的一系列有效宣传策略，《爸爸去哪儿》首期播出后的第二天搜索数奇迹般超过提及数，这无疑归功于节目组的前期宣传策略让期待已久的观众在观看完节目后急于关注节目后续的发展或彼此分享心得，而不只是单纯地提到节目，整个观影氛围早已形成(图 2-2)。

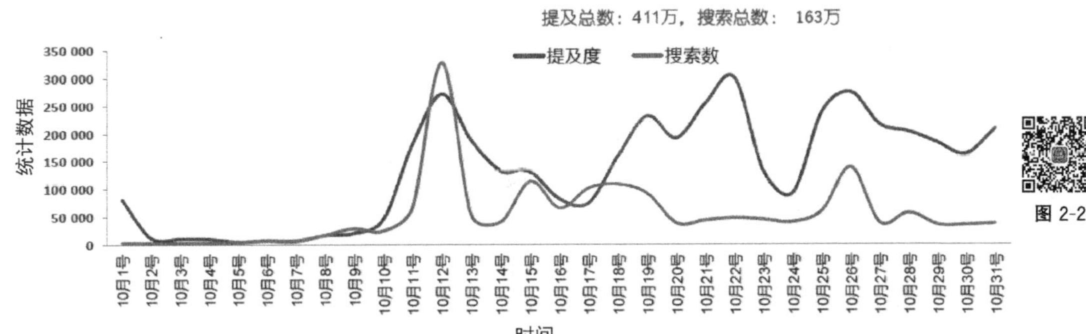

图 2-2　《爸爸去哪儿》提及度、搜索数趋势分析

图片来源：新浪微博数据中心

2.3.2　首播期借助社会化媒体与粉丝互动

在为节目营造了良好的观影氛围之后，节目组把与粉丝的互动作为推动节目发展的一个助动力。2013 年 10 月 14 日在《爸爸去哪儿》开播的第三天，节目中的明星爸爸田亮进入新浪微访谈和网友互动，聊节目拍摄过程中的趣事及育儿经，这一方式无疑是在开播胜利之后的又一锦上添花之举，微访谈更加拉近观众和节目的距离，特别是作为亲子类节目，有一家人闲话家常的情感体验是十分符合节目定位的(图 2-3)。

除了微访谈，节目组还会在每期节目之后发布微调查，在开播第二天《爸爸去哪儿》节目组发布微调查话题：说说你现在一共看了几遍第一集？我想知道看过节目后最流行的几个字是？还有想要明星父子父女的签名照就要转发微博等，用活动的形式凝聚粉丝，继续炒热氛围，保持观影兴奋点(图 2-4)。

还有一点值得注意的是，《爸爸去哪儿》节目组微博的发帖量和活跃度都很高，在 2013 年 10 月 11 日—11 月 28 日，节目组发布了 983 条微博，平均一天发布微博

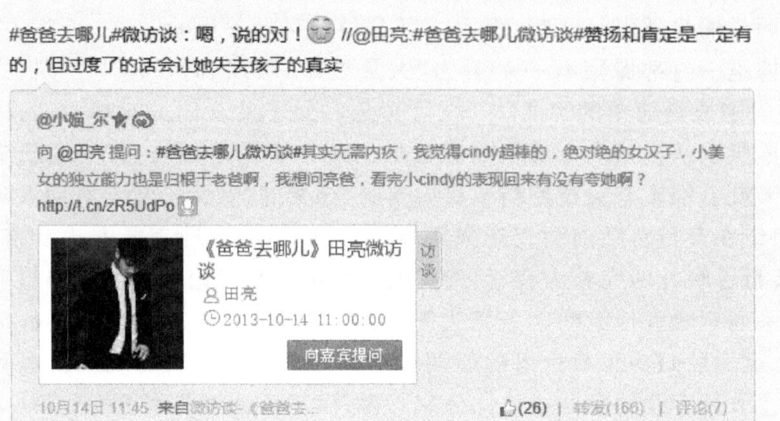

图 2-3 《爸爸去哪儿》微访谈截图

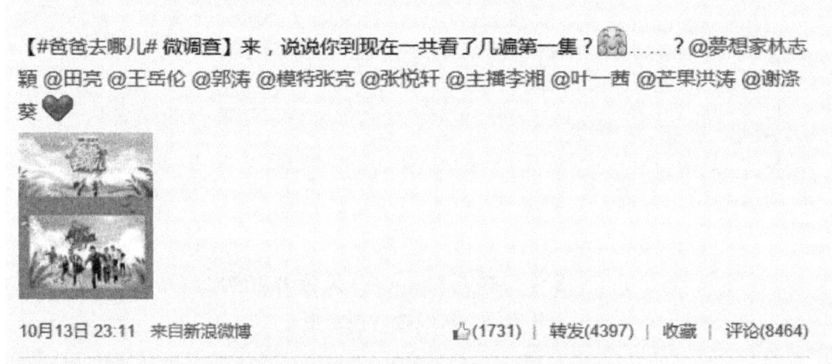

图 2-4 《爸爸去哪儿》微调查截图

数量为 21 条左右。正因为维持了如此高的发帖量及活跃度，才能持续地吸引观众的注意，从而让观众产生了一种搜索习惯——习惯性地每天关注《爸爸去哪儿》节目组发布的消息。及时的信息交互保证了观众的黏性，形成了一个活的循环互动。在每一期节目开播前的 5 分钟，电视和微博平台同时开始倒计时营造大幕即将拉开的仪式感，在电视上播出《爸爸去哪儿》节目正片的同时，微博平台即时地提出节目中每一段落的精彩点，和观众通过微博及时互动，把第二块屏和第一块屏很好地进行了结合。

2.3.3 稳定期借助社会化媒体拓展节目话题

在《爸爸去哪儿》节目第一集获得双网第一名的傲人成绩：全国网收视率 1.1%、份额 7.67%、收视排名全国第一；29 个城市网收视率 1.46%、份额 6.45%。之后如何继续稳住领先地位就成了当务之急。节目组除了坚持每天定期发布“摇头娃娃”系列之外还主动发起话题，提高网友在看过节目后参与话题讨论的积极性，让网友参与节目游戏规则设计，并在每期参与讨论的观众中抽取幸运观众给予奖励（图 2-5）。

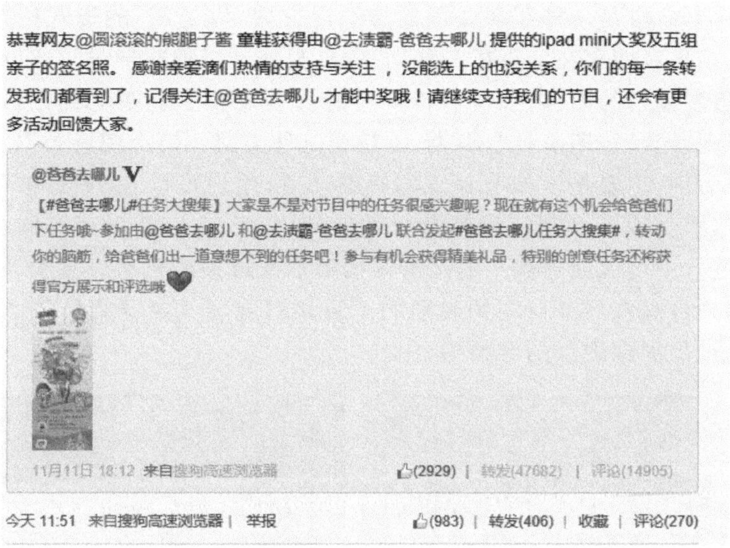

恭喜网友@圆滚滚的熊腿子酱 童鞋获得由@去渍霸-爸爸去哪儿 提供的ipad mini大奖及五组亲子的签名照。 感谢亲爱滴们热情的支持与关注 ，没能选上的也没关系，你们的每一条转发我们都看到了，记得关注@爸爸去哪儿 才能中奖哦！请继续支持我们的节目，还会有更多活动回馈大家。

@爸爸去哪儿 V

【#爸爸去哪儿#任务大搜集】大家是不是对节目中的任务很感兴趣呢？现在就有这个机会给爸爸们下任务哦~参加由@爸爸去哪儿 和@去渍霸-爸爸去哪儿 联合发起#爸爸去哪儿任务大搜集#，转动你的脑筋，给爸爸们出一道意想不到的任务吧！参与有机会获得精美礼品，特别的创意任务还将获得官方展示和评选哦

11月11日 18:12 来自搜狗高速浏览器 (2929) | 转发(47682) | 评论(14905)

今天 11:51 来自搜狗高速浏览器 | 举报 (983) | 转发(406) | 收藏 | 评论(270)

图 2-5　《爸爸去哪儿》人物大搜索截图

节目组充分开发网友的创造力参与话题制造，如在 2013 年 11 月 19 日节目组转发了网友“小丑出品”制作的爸爸和孩子头像对调的 PS 图片获得了网友追捧，一周转发量达到 20 万次。11 月 27 日节目组转发了豆瓣网友按节目中孩子的性格特征 PS 的一组宝宝版红楼梦人物图，一天的转发量就达到 10 万次。11 月 28 日节目组又转发了网友制作的《爸爸去哪儿》还珠格格版、甄嬛传版、射雕英雄传版等不同版本，激发了观众的参与热情，让观众自发地选择兴趣点拓展节目话题（图 2-6）。

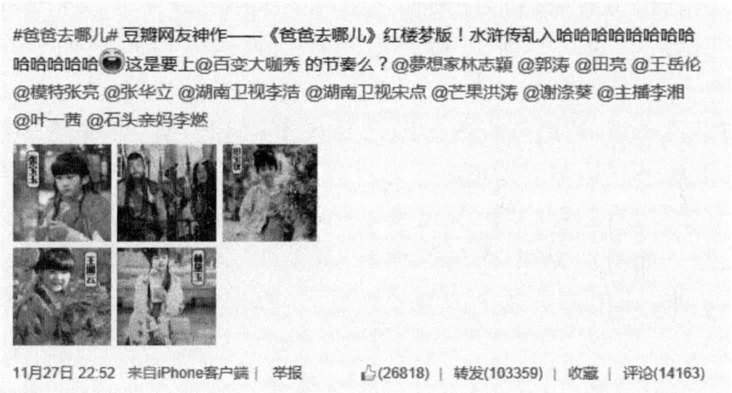

#爸爸去哪儿# 豆瓣网友神作——《爸爸去哪儿》红楼梦版！水浒传乱入哈哈哈哈哈哈哈哈哈哈哈哈哈这是要上@百变大咖秀 的节奏么？@夢想家林志穎 @郭涛 @田亮 @王岳伦 @模特张亮 @张华立 @湖南卫视李浩 @湖南卫视宋点 @芒果洪涛 @谢涤葵 @主播李湘 @叶一茜 @石头亲妈李燃

11月27日 22:52 来自iPhone客户端 | 举报 (26818) | 转发(103359) | 收藏 | 评论(14163)

图 2-6　《爸爸去哪儿》网友神作截图

2.3.4 后续期借助社会化媒体APP维系情感

以上介绍的三种融合方式已经非常普遍应用于现有的电视栏目中，现在媒体微博和节目组微博的普及度很高，电视媒体和社会化媒体双屏的使用方式已成为常态。节目APP也是一种互动性很强的融合方式，以APP的形式把栏目作为独立的一个应用平台储存在计算机和移动终端，观众可以随时通过APP终端了解栏目的进展、重温节目的内容、参与节目环节的议程设置。现在电视栏目的APP主要分为模拟现场类、往期节目合辑类、游戏类三种类型。模拟现场类以江苏卫视的《一站到底》为例，主要是模拟节目现场答题环节，用户可以在APP中重温往期节目中的题目，感受现场答题紧张刺激的气氛（图2-7)。APP里还有购买道具的设计，在答题进行中可以通过购买的道具获得提示或过关的机会。这类APP的用途主要是增强栏目观众对节目现场规则的了解和对现场气氛身临其境的感受，通过现场模拟的过程加深观众的参与感。

图2-7 《一站到底》APP界面与现场对比图

东方卫视《中国梦之声》采用的是往期节目合辑类（图2-8)。《中国梦之声》的APP主要以每期节目中选手的原声为主，观众可以选择下载或在线欣赏选手的演唱。这类APP的主要功用就是对节目中选手的宣传和推广，在对观众和栏目的情感联系作用上表现得并不是特别突出，多用于歌唱选秀类节目。但是，通过在每期新节目播出后更新选手的原声音乐，不但让喜爱节目中选手的粉丝可以有地方下载音乐，也可以通过新上传的音乐吸引未看过这期节目的观众的注意。

游戏类栏目APP是把节目内容融入游戏中，APP的内容并不是模拟现场环境或直接选取原节目内容，而主要是通过提取节目内容的相关元素设计游戏内容，在游戏中让节目内容元素反复出现，达到强化观众对节目选手及评审的符号性记忆的目的。如浙江卫视《中国好声音》就采取了这种方式把节目中选手的演唱片段提取出来，让用户听选手的演唱猜歌名，根据导师最明显的外貌特征猜导师等（图2-9)。

观众的固有收看模式已经因为社会化媒体的出现而发生改变，在节目播放的同时屏幕下方滚动提示着节目APP的下载方式已经成为电视节目推广的一种常

图 2-8　《中国梦之声》APP 界面截图

图 2-9　《中国好声音》APP 界面截图

态。观众可以选择在智能终端发送短信“节目名称”到 12114 免费下载相关的 APP。采用这种方式的主要原因是：首先，采用自然语言作为寻址名称易于用户记忆，降低了短信的操作难度，人人都可以使用，从而也降低了下载的门槛；其次，观众全程只要在手机上进行简单操作，不需起身专程跑到电视机前扫描二维码，也符合大多数人看电视的行为习惯。主持人也会通过口播的形式提醒观众，让观众掌握这种简单易行的下载方式，参与游戏和节目的互动。

移动互联网的普及使移动媒体发展的势头十分迅猛，传统电视面临严峻挑战。电视媒体如果想要保住自己的观众群体，保证自己在激烈的竞争中不至于落后衰退，就必须加快移动化创新的步伐。在这个科技日新月异变化的时代，电视节目的新媒体营销永远需要与时俱进，从网站到微博，从微博到微信，每一种新的传播方式都意味着新的增长点出现，现在电视节目衍生 APP 又成为电视媒体迎接挑战的必备功课，需要每一个电视人去面对。

2.4 社会化媒体与电视频道的融合表现

电视频道与社会化媒体融合的主要目的是在频道层面维护整个频道众多节目的推广营销、粉丝互动。媒体微博账号数已从2011年12月的7.9万增长至2012年12月27日的11万。其中2012年媒体机构账号占14.7%，媒体人账号占85.3%，两者较去年同期都增长了1%(图2-10)。电视媒体在媒体机构账号和媒体人账号中都已持续两年以30%以上的份额排在第一位。2019年7月，人民网研究院对34家电视台及其600个下属频道和栏目的监测表明，33家电视台及下属频道和栏目开通了376个微博账号，其中电视频道微博开通率89.6%，电视台或某官网微博开通率64.70%，电视栏目微博开通率57%。2021年9月，国家广电总局首次开通官方微博账号@视听中国，截至12月，视频累计播放量165.2万。

图 2-10

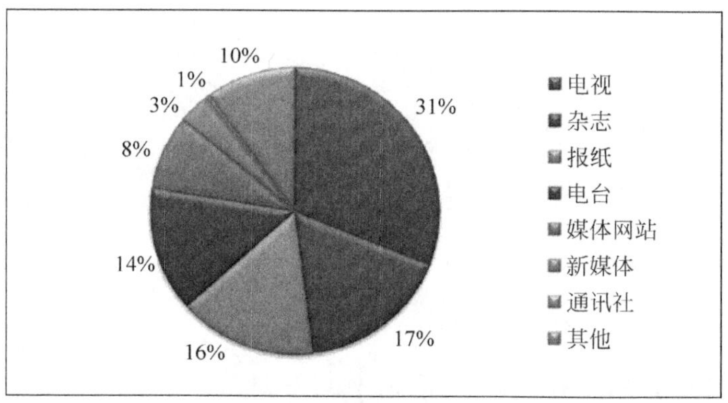

(a) 媒体机构类型分布图

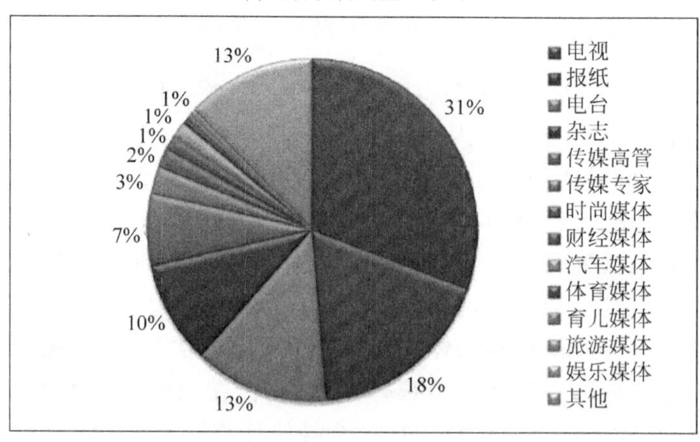

(b) 媒体人类型分布图

图 2-10 2012年媒体机构类型和媒体人类型分布图

在2011年和2012年新浪微博电视媒体微博数据里，凤凰卫视、江苏卫视、湖南卫视始终排在前三位。通过2012年的新浪微博十大电视微博排行榜可以看出，凡是有王牌节目的频道几乎都榜上有名，可见优质的电视节目是保证频道影响力的关键。但是，频道微博具有电视节(栏)目所不具备的稳定性，因为现在很多较有影响力的电视节(栏)目多以“季”为播出单位，在节目播出期间粉丝数量和活跃度都会暴涨，但当一季节目播完后节(栏)目微博就容易陷入“僵死”的状态。在当今央视各大频道纷纷改版、省级卫视轮番冲击收视霸主地位的时候，任何一种渠道的竞争都成为频道制胜的关键，社会化媒体的出现给予了频道竞争制胜的另一个契机，频道微博的设置是电视媒体和社会化媒体融合互动较为持久、稳定的表现形式。表2-1所示是2012年新浪微博十大电视微博排行榜，其中凤凰卫视、江苏卫视、湖南卫视排在前三位。

表2-1　2012年新浪微博十大电视微博排行榜

序号	用户昵称	粉丝数量	微博数量	接触指数	互动指数	媒体发声指数	舆论影响指数	总分
1	凤凰卫视	4 701 439	9610	0.2488	0.0632	0.1621	0.0420	0.3913
2	江苏卫视	3 690 075	5177	0.1780	0.0705	0.1642	0.0553	0.3686
3	湖南卫视	3 629 040	4494	0.1894	0.0328	0.1705	0.0530	0.3569
4	央视新闻	1 719 666	7148	0.1671	0.0469	0.1621	0.0610	0.3516
5	浙江卫视中国蓝	3 360 953	15 681	0.2277	0.0235	0.1516	0.0118	0.3141
6	CCTV证券资讯中心	1 109 244	37 257	0.2482	0.0173	0.1537	0.0005	0.3135
7	山东卫视	3 327 839	6996	0.1825	0.0298	0.1495	0.0256	0.3025
8	安徽卫视	2 054 234	4892	0.1425	0.0489	0.1474	0.0360	0.2982
9	东方卫视番茄台	2 325 345	10 149	0.1875	0.0244	0.1516	0.0130	0.2917
10	深圳卫视	2 117 758	6076	0.1468	0.0100	0.1453	0.0314	0.2707

因此，接下来本节将以凤凰卫视、江苏卫视、湖南卫视作为分析对象，从粉丝活跃程度、频道发布内容种类、频道发布更新频率三个维度详述频道层面社会化媒体与电视媒体的融合互动。

2.4.1 从频道粉丝活跃程度的维度看社会化媒体与电视媒体的融合互动

2013年12月27日的数据显示，凤凰卫视的粉丝数量最多，而且一直保持着快速增长的趋势。江苏卫视和湖南卫视在2012年时粉丝数量持平，但是在2013年一年之间湖南卫视的粉丝量快速增长，一年之内增长的粉丝数量超过凤凰卫视和江苏卫视的粉丝增长数量之和。粉丝数量的快速增长说明了湖南卫视面对社会化媒体平台竞争及观众黏性的重视(图2-11)。

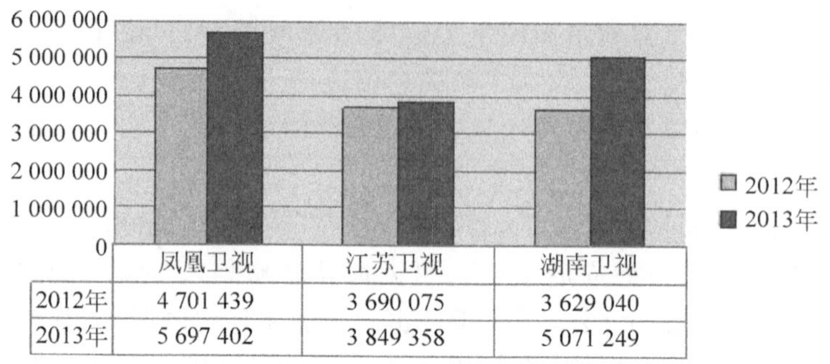

数据统计截止时间2013年12月27日

图 2-11 2012 年和 2013 年三大卫视新浪微博粉丝对比图

为了防止因粉丝数量的不同而产生的误差，我们在考察微博转发和评论的这一部分时采用了转发率和评论率的概念，即每个账号的转发条数和粉丝数量的百分比和每个账号的评论条数和粉丝数量的百分比。三大卫视的转发率和评论率情况如图 2-12、图 2-13 所示。

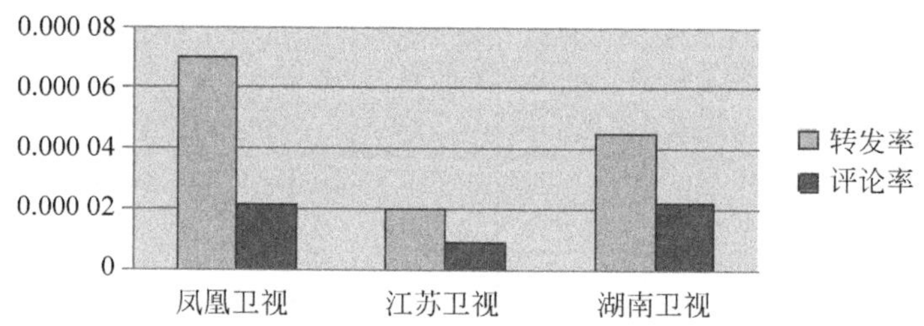

图 2-12 2012 年三大卫视转发率和评论率对比

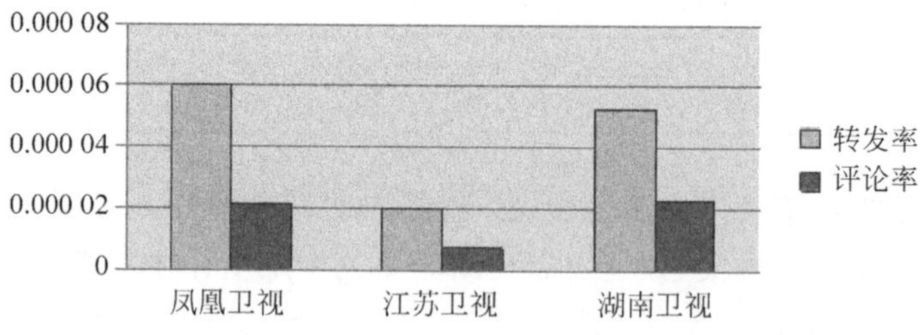

图 2-13 2013 年三大卫视转发率和评论率对比

我们可以从 2012 年和 2013 年的三大卫视的转发率和评论率对比图中得出，凤凰卫视微博 2013 年的转发率出现了下滑的趋势，评论率和 2012 年持平，但是总体仍然处于优势地位；江苏卫视微博情况和 2012 年持平；湖南卫视微博在 2013 年呈上升趋势，转发率增加、评论率和去年相比略有提高。究其原因，可能是因为湖南卫视在 2013 年的微博运营中加强了和观众用户的互动，并且保持微博的发布量，持续制造话题点，发布的信息内容多和频道正在热播的电视栏目及电视剧相关，带动了整个频道微博的活力和用户黏性。凤凰卫视发布的信息内容多以名言警句的感悟式为主，无论是节目预告还是转发的人生感悟，都可以展现出频道微博的主要诉求是争取观众用户的共情心理，建立一个如同心灵驿站的情感平台。事实证明，凤凰卫视微博在情感维系上的确占有绝对优势，但是缺少对栏目信息的直接的有冲击力的推广宣传，使微博这一平台的营销部分产生了些许缺失。

2.4.2 从频道发布内容种类的维度看社会化媒体与电视媒体的融合互动

频道微博从发布内容的维度可以分为原创微博和转发微博两大类，通过对三大卫视微博内容的归纳，我们可以得出一般原创类的内容以栏目信息、活动发起为主，转发类的微博以加 V 微博转发、心灵鸡汤转发为主(图 2-14～图 2-16)。

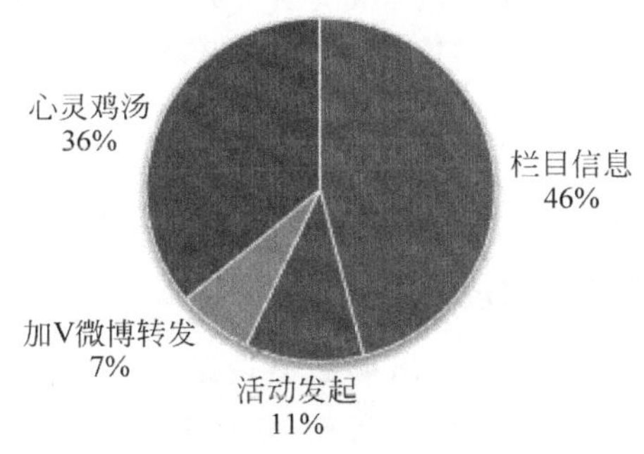

图 2-14 2013 年凤凰卫视新浪微博内容分布比例

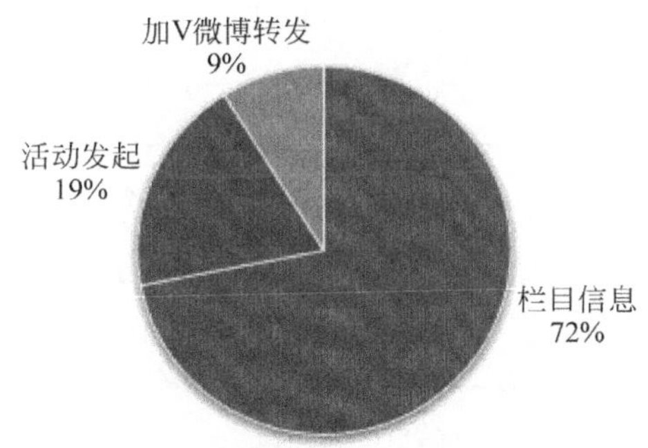

图 2-15 2013 年江苏卫视新浪微博内容分布比例

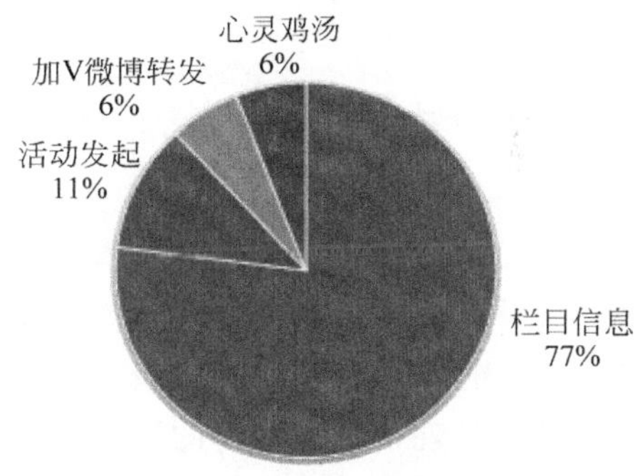

图 2-16 2013 年湖南卫视新浪微博内容分布比例

通过三大卫视微博内容分布对比图可以看出，三大卫视的微博内容种类基本一致。卫视微博的主要功能还是用来宣传频道王牌栏目，包括节目预告、节目花絮及与节目相关的内容。凤凰卫视和湖南卫视的内容分类大体一致，但是凤凰卫视转发的心灵鸡汤类微博远多于湖南卫视，已占据微博内容分布的一半以上，这也说明凤凰卫视重视与观众用户在感情上的维系。和 2012 年相比，三大卫视在单独出现的新闻资讯方面的微博几乎没有了，这可能是与各大卫视的频道微博、节目微博运营逐渐专业化有关，新闻类的资讯已经不再突兀地、没有归类地出现在频道微博中，而是作为节目微博的内容被频道微博转发，如凤凰卫视转发的“凤凰微新闻”或“凤凰咨询台”微博中的新闻内容，江苏卫视和其他两大卫视相比缺少了心灵鸡汤部分，更多的是综艺节目和电视剧的片断、预告成为配合电视引流的一种手段。总体来说，三大卫视的微博内容分类比较一致，和 2012 年的微博分布内容相比，2013 年的微博内容更加系统、专业。

2.4.3 从频道发布更新频率的维度看社会化媒体与电视媒体的融合互动

通过以上两个维度我们可以看出频道微博的整体情况和内容大概分布，对频道微博的现状有了大致的了解。除此之外，频道微博的更新频率也是一个重点考察指标，频道微博的更新频率与用户黏度的增加有着直接关系，是非常有效的吸引粉丝注意力、稳定粉丝访问量的手段之一(图 2-17)。

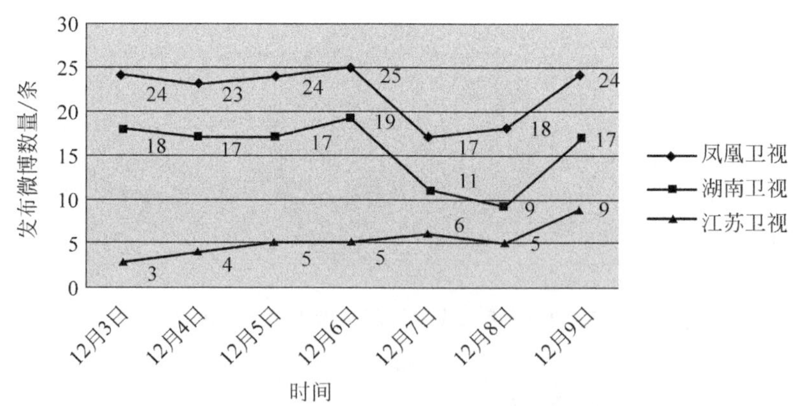

图 2-17 2013 年三大卫视新浪微博周发布量对比

从三大卫视一周微博发布量可以得出：三大卫视一周的微博发布量是不相同的，凤凰卫视和湖南卫视的发布量趋势比较一致，都是在周五的时候微博发布最多，周六、周日微博发布较少，并且周五和周六日间微博发布量差异巨大，这一现象反映了凤凰卫视和湖南卫视在周六日对微博的维护较为松懈，但是周六、周日各大卫视都会播出王牌节目，其原因是现在节目微博的运营已经日渐专业化，在王牌节目播出的时候观众用户多在节目微博驻留，分流了频道微博的观众用户，节目微博和频道微博的分工开始明晰。江苏卫视与其他两大卫视微博发布量略有不同，其微博发布在周六和周日达到整周的顶峰，一周的微博发布量比较平均，没有大的起伏。从数量上看，凤凰卫视的发布量最大，江苏卫视的发布量最小，结合前两个维度的考察指标我们可以推出，微博的发布量和微博的粉丝数量、转发率和评论率都有直接的关系。

从三大卫视微博各时段发布微博数量对比图(图 2-18)可以看出：三大卫视的发布时间段大致相似，都聚集在 9:00—12:00、15:00—18:00 两个时间段。一般这两个时间段被认为是观众用户搜索微博信息最多的时间段，但是这两个时间段又都处于观众用户的工作时间，由此我们可以推出，微博的信息发布有一定的延时性，在工作时间发布的微博会在观众用户休闲时间段得到回应，因此如何做到更加精准、有效地发布信息，也是频道微博维护者需要关注的问题。在 20:00—23:00 这个时间段各大卫视的微博发布都保持在一个较高的频率，特别是湖南卫视和江苏卫视。根据两大卫视的节目安排可以看出，20:00—23:00 这个时间段，湖南卫视安排的是《金鹰独播剧场》和湖南台王牌节目，江苏卫视安排的是《幸福剧场》和江苏台王牌节目，这表明了频道微博注重在晚间播出节目时间段和观众用户的双屏互动，现在电视媒体和社会化媒体已经形成了初步的联动效应。

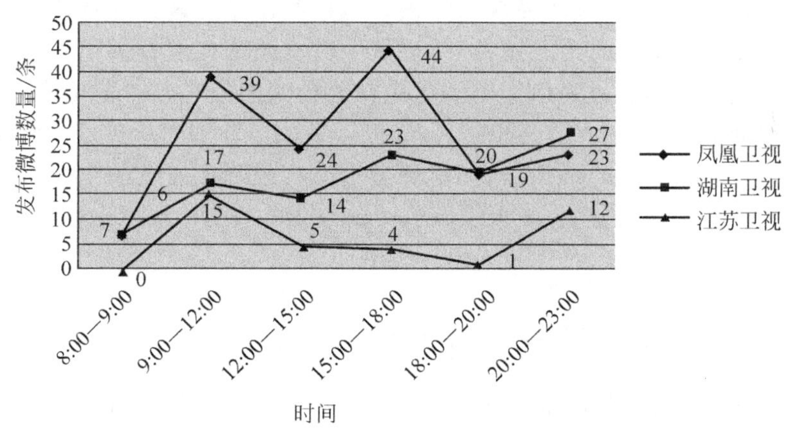

图 2-18 2013 年三大卫视新浪微博各时段发布量对比

第3章

社会化媒体背景下电视媒体融合发展的动因分析

3.1 内容生产制作上的需要

蔡雯教授曾经说过，内容资源是传统媒体取之不尽、用之不竭的财富。电视媒体在内容生产上一直持续着自上而下的垂直线性模式，内容的选择往往掌握在一小部分把关人手中，而广大的受众只能被动地接收信息。这样一种传播信息模式强势地控制着公众的信息占有规模，使公众的信息知情权和传播机构信息垄断之间产生了巨大的鸿沟。媒介组织用专业化标准程式阻断了信息的传播，对信息进行了一定程度上的选择，在语言学上，同样的一个词语在不同的语境下都能产生不同的意思，更何况在对信息有选择的媒介传播上。社会化媒体的出现打破了电视媒体原有的内容生产格局，让原本单向的传播变成了双向传播，与观众形成了很好的互动。

3.1.1 媒介传播形式越来越多样化

2009 年，蔡雯教授与新东方教育科技集团的王学文共同展开研究，从微观、中观、宏观和大传媒业四个角度将国内外关于“媒介融合”的代表性观点进行了梳理和归纳，提出了对媒介融合的概括性认识，其中媒介内容融合就是“媒介融合”中最核心的内容之一。社会化媒体的内容生产一定要站在媒介传播形式上讨论，媒介的每一次跨越性发展都是因为作为其载体的传播形式在科技上取得了巨大的革新而促成的，没有媒介传播形式的变化就不可能有新媒介的产生，更不可能出现与新媒介相匹配的内容生产方式，因此我们可以把媒介的传播形式归纳到内容生产的范围之内。

随着现代通信技术的快速发展，移动互联网和媒介网络融合趋势加强，催生了手机、网络等新媒体的发展。截至 2021 年 6 月，我国的互联网用户达到 10.11 亿人，移动互联网用户超过13亿人，占全球网民总规模的32.17%，形成全球最为庞大，生机勃勃的数字社会。中国移动、百度、腾讯、爱奇艺、淘宝、PPTV等新媒体企业已经逐渐发展成为具有强大市场竞争力的民族品牌的优秀代表。在如今多种媒介传播形态共同发展的形势下，电视媒体往日权威媒体的地位受到冲击，媒介融合成为一个不可阻挡的发展趋势。电视媒体掌握新媒介的传播形式并归为己用，进一步扩大自己的媒介业务范围，或从新媒介形式上获取内容资源，都已经成为电视突围的一种有效手段。

早在21世纪初，国内的媒介机构就对媒介传播形式进行了很多融合尝试。2001年上海文广集团先后成立了东方宽频、百视通、文广互动、东方龙四家新媒体公司，分别开展宽频门户网站、IPTV、数字电视、移动多媒体业务，在全国率先建立了立体、多元化的产业格局。2006年中央电视台成立了央视国际网络有限公司，统一管理和运营央视的网络、手机媒体等新媒体资源。同年，凤凰新媒体与中国移动进行合作，通过互联网和移动通信网向用户拓展其节目内容和服务。国内著名视频网站土豆网与东方卫视跨界合作《舞林大会》，打破传统定义下媒体的介质和形式界限，通过互通、互融、互动的方式，获得包罗万象的视频内容资源库，搭建电网的新型传播平台。2008年北京奥运会是国内历史上首次将互联网、手机等新媒体作为独立转播机构，与传统媒体一起列入奥运会转播体系之中。新型媒体为电视节目的制作提供了大量的资料，丰富了节目的内容，扩大了节目的覆盖范围，为社会化媒体与电视媒体日后进一步融合内容打下了坚实的基础，是媒介传播形态扩展的初级试水。

随着融合的进一步加深，电视业作为内容提供者，为了自身更好地发展，结合社会化媒体独具的优势特点进行互动补充，实现双赢互利的合作。如新浪微博的电视频道和电视节目账号数量在媒体账号排名中始终处于首位。央视新闻、央视财经微博、微信账号等都拥有庞大的粉丝群，每一条电视生产的内容消息在社会化媒体上都会产生数倍的累积效应。电视媒体与社会化媒体的传播融合形式已经成为电视媒体增加观众黏性、扩散第一屏溢出信息、扩展第二屏空间的最佳途径。根据美国《连线》杂志主编克里斯·安德森从产品销售规律中发现的长尾理论(图3-1)来讲，除了主体强势效应之外的渐弱溢出力量不容小觑。个人的信息生产和传播能力在社会化媒体时代被空前地激发出来，长尾模式所主张的大规模定制以及实现众包模式的组织成本被极大地降低，人人都是媒体的移动互联时代已经到来。

现在电视媒体占据了图3-1中的主体部分，是目前媒体搏杀的红海。电视媒体主要负责提供优质的内容资源发布，如社会热点信息、生活服务资讯等，凭借经验丰富的内容生产制作团队、强大的品牌影响力和庞大的社会客户资源占领了制高点，但是电视媒体的同质化严重、利润空间一再被挤压等问题限制了主体的进一步发展。而社会化媒体则是电视媒体的蓝海所在，电视媒体的信息分发可以由社

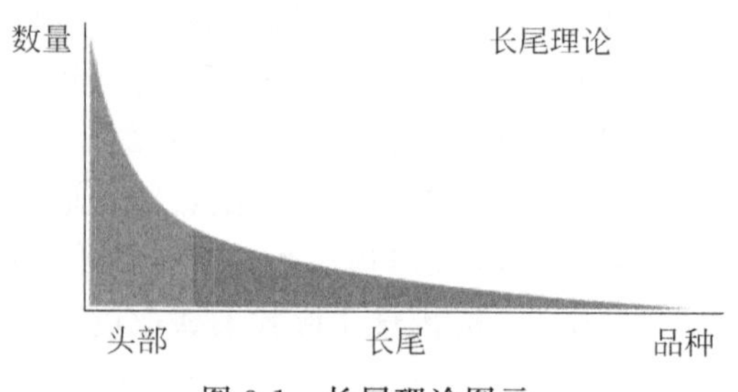

图 3-1 长尾理论图示

会化媒体的传播机制完成，内容生产也可以通过众包机制让用户自发自愿地生产所需的内容。社会化媒体通过极低的生产、传播成本为电视媒体溢出影响力提供了获取巨大效益的平台。

3.1.2 传播主体的多元化

媒介融合的发展彻底改变了过去媒介市场的布局形态，以往由传统媒体牢牢掌握的话语权、把关权受社会化媒体影响而发生了变化。在中投顾问发布的《2013—2017 年中国新媒体产业投资分析及前景预测报告》中，具体介绍了网络新媒体、交互式网络电视、车载移动电视、手机媒体及其他新媒体在未来将拥有的广阔发展前景。通过微博、微信等社会化媒体平台发布的信息能够比电视媒体获得更快、更高的传播速度和关注度。信息平台的发布从专业走向大众，任何人只要有手机、计算机等终端设备，就可以通过社会化媒体信息的发布来参与信息内容的制作，成为信息传播过程中的传播主体。所以，无论从信息发布者还是媒介平台的角度来说，传播主体在新媒介环境下都越来越多元化。

30 多年前的媒介环境还是典型的媒体一元化时代，全社会自上而下线性传播信息，缺乏信息的反馈模式。而社会化媒体的到来使媒介传播主体进入一个多元化的时代，与电视媒体相比，社会化媒体促使话语权发生转移，每个人都可以是信息的生产者和消费者，每个人都可以充分地表达自己的观点。话语主体由媒介独有向全社会蔓延开来，人人网类的社交网站、QQ 类的聊天工具、新浪的博客和微博、腾讯的微信等，完全颠覆了电视媒体原有的话语霸主地位。社会化媒体让每一个公众都成为传播者，使媒介的个性化、多元化传播特征开始显现。社会化媒体上涌现出了一批由群众呼声产生的意见领袖，这是在以往传统媒体时期无法想象的，舆论热点往往都是在社会化媒体上产生或是在社会化媒体上二次传播扩散的。

基于媒介的社会影响力和市场影响力，传统的电视媒体和社会化媒体在传播形态、传播内容和品牌营销上不断整合创新，扩张着各自的影响力。艾瑞 I User Tracker 的监测数据显示，中国社会化媒体用户规模增长迅速。由于社会化媒体具有沟通即时性与互动性、分享便利性等特点，能够更好地满足用户沟通交友的需求，截至 2020 年 1 月，中国社会化媒体用户已达 10.4 亿，渗透率 72%，远高于全球的49%。面对无处不在的新兴媒体，以电视为代表的传统媒体虽然把人类带入现代文明，无限地延伸了人类的视觉和听觉，却无法改变其单向线性传播的特质。因此为适应传媒行业的新特点、继续把握强势话语权、主导社会舆论，电视媒体唯有迅速反应，在发挥自身优势的同时，选取适应传媒发展规律的多元化主体模式，在与社会化媒体融合过程中获得重生和发展。

对于媒介来说，其成功的标志就是对社会环境具有有效的影响力，覆盖范围越广，影响力就越大。没有影响力的媒介既不会有生存的空间，也没有生存的必要。因此，媒介要想在日趋激烈的竞争环境中赢得一席之地，就必须进一步扩大它的影响力。只有媒介深深植入人们的社会生活中，成为不可或缺的一部分，在社会中获得广泛的权威和信誉，才能产生长远的影响，在竞争中立于不败之地。电视媒体在普及程度上具有广泛的覆盖性，社会化媒体在时空上具有广泛的覆盖性，两者相辅相成完成了完整的纵横交错的发展图景。

3.1.3　内容信息的海量化快速传播

互联网的快速发展，把普通受众变成了无时无刻、无处不在的现场直播记者，通过普通民众的记录可以拼凑出事件的原本面目，形成全景化的信息舆论场。新媒体让每个人都能传播和发布信息，并实现信息的共享。这种人人都是记者的信息传播形式大大增加了信息传播的容量，促进了各种信息资源快速增长，但是我们必须注意到在海量信息中不乏同质化、误导性的内容，所以从中挑选出有信息价值的资源就变得十分重要。电视从业者和广大受众如何在海量的信息和线索中去粗取精、去伪存真，这对于从业者和广大受众的媒介素养要求是非常高的，信息接收者要根据自身的综合素质来判断信息的价值，从中提出有社会价值和传播意义的内容，还要善于权衡利弊，从政治、市场、受众需求以及社会影响等方面来加以考虑，然后根据传播者的个人选择来呈现想要表达的信息内容。

与电视媒体信息承载量的有限性相比，社会化媒体上信息传播具有超大容量的特点。电视媒体因为播出时间的限制，信息容量比较有限。而社会化媒体具有巨大的信息容纳和信息存储能力，可以为传播者提供近乎无限的表现空间。同时，社会化媒体创造的超时空几乎可以在同一时间把世界范围内传播的各类信息全部包揽。加之社会化媒体的低门槛和低成本使公众可以广泛参与，突破了信息传播中的渠道限制，打破了过去传统媒体的信息准入特权。人们的言论相较以往更加自由，传统媒介言论局限也有所改善，受众对社会问题发表意见的权利得以实现，从这个方面来说社会化媒体形成了巨大的虚拟公共空间。在传统媒体上信息发布只能受制于把关人的抉择，对信息的传播发布来说都会产生一定的延时，而在媒介融合时代信息线索可以通过个人平台更加即时、快速地获取、发布、传播，大众参与话题讨论而产生的海量信息聚合，往往可以比专业媒体机构更早地实现信息传播，形成更丰富的信息资源，所以在这种趋势下事件传播的速度变得更快，产生的效应也更广泛。例如,当突发事件初始发生时,社会化媒体上的信息就会以成倍的累积速度进行扩散,电视等传统媒体随即针对社会化媒体产生的海量信息进行二次信息提取,形成新的一轮传播。这种快速发展的信息传播形式给传统媒体提出了一个重要课题,即传统媒体要如何避免其在传播过程中的劣势,在媒介融合时代抓住发展时机,积极适应媒体行业的发展和变化。

具体来讲,媒体内容的融合就是分属不同媒体形态的内容生产、交换和消费平台,利用数字和网络终端,逐渐形成多类型、多层次的"内容融合"产品。在信息爆炸时代,电视媒体要想获得竞争优势,就要掌握和获取大量的信息内容,但是电视媒体因为自身限制难以对规模化的信息进行充分的生产和传播;而社会化媒体依托先进的数字技术,将大规模的内容生产变为可能,可是专业程度及资金的缺乏却成为制约其发展的重要因素。由此可见,推动电视媒体和社会化媒体内容的高度融合对两大媒体的未来发展会形成很好的共赢局面。

数字化使各媒体产品有了共同的平台基础,无论何种媒体的产品都可以更加方便地嵌入、整合在同一个平台,并根据各个媒体的传播特点进行重组和分装。未来媒介市场将出现更多元化的产品以满足人们的需求。但是无论媒介如何发展,最终也逃脱不了"内容为王"的宗旨,美国密苏里大学新闻学院孙志刚教授在"媒介融合下传媒产业特点——今日美国媒体变化"为主题的一次交流会中谈道,在新媒介数字化的潮流下,媒体更应强调"内容为王",特别是新闻节目内容,因为新闻记者及编辑的采编文本,社交网站以及自媒体时代个人的发帖、转帖等广泛的信息来源,更需要媒体考虑如何在海量的信息中提高有效信息传播,提升新闻的服务性,保证新闻的传播效果。

3.2 媒介融合形态的技术实现

3.2.1 新技术拓展电视媒体社交属性

电视媒体是依靠科技力量而生的媒介产物,本身集声音、画面、文字于一体,依靠技术红利成为近30年来最具影响力的媒体。但是在新媒体技术的快速发展下,传统电视媒体的互动性差、便携性差、无法储存回放等劣势也显得尤为明显。通过对比我们可以看出,新媒体对电视媒体的威胁主要集中在收视方式、获取便携、内容数量和终端四个方面。新媒体的个性化定制、信息即时性发布、交互性等特点都恰好弥补了电视媒体的不足,各种智能终端的不断更新换代让人们可以更加便利地随时随地获取视频信息,并对视频进行转发、分享,实现二次传播,延伸扩大了信息内容的影响力和覆盖范围。

电视媒体本身拥有丰富的内容资源、稳定的传播渠道、长期的运营经验,如果可以借助社会化媒体的技术优势,就能使用多样化的方式呈现信息。现在电视媒体借助社会化媒体手段已经成为常态，2013 年 5 月中央电视台在《新闻联播》中正式宣布“央视新闻”入驻拥有过亿用户的搜狐新闻客户端，并欢迎观众订阅，央视将此解读为央视继开通微博、微信之后在移动新媒体浪潮中又一次“大动作”。搜狐新闻客户端的“流媒体”特点与“央视新闻”的 24 小时滚动新闻特点非常契合，相辅相成达到了很好的互相补充的效果。东方卫视与风行网联合播出的《梦立方》节目让电视观众和手机用户可以通过《梦立方》安卓手机客户端，查询到《梦立方》节目游戏玩法介绍；通过开发的 3D 模拟节目现场实景的游戏 APP，用户可以参与从手机试玩到现场比赛的所有游戏，在试玩游戏过程中还可以参与排名，并有机会获得节目赞助方送出的精美礼品。东方卫视通过“梦立方”社区的手机客户端与电视节目的观众进行沟通，实现了社区与电视节目的深度整合、实时互动。社会化媒体成为电视媒体的影响溢出平台，为节目传播带来更深入的渗透和扩散。

随着新媒体的即时、交互技术在媒介平台上的逐渐成熟，现在的受众对电视媒体的使用习惯已经从过去的“看电视”转变为现在的“用电视”。电视内容的载体已不仅局限于电视机，而是更多地出现在网络、移动媒体上，电视的形态开始越来越多元化。社交电视的出现恰好就体现了这一观点，它解决了传统电视媒体社交属性偏弱的劣势。社交电视在保留了电视机设备的大屏幕、高清晰度的优势外，还增加了社会化媒体的交互性、即时性的相关社区功能，突出了点播、回放等视频储存方式，为电视媒体提供了又一可选择的新形态。据奥维咨询（AVC）数据显示，2013 年第 4 季度智能电视渗透率已达 50%以上，在“宽带中国”政策下，2015 年城市网络带宽提高到 20Mbps，农村网络带宽提高到 4Mbps，智能电视的网络基础更加扎实，在发展速度和市场规模方面都有优势。

广播宽带混合型电视（HbbTV）也是目前传统电视媒体增强交互性的一种很好的解决方案，目前在欧洲已经得到了很广泛的应用。它的出现解决了电视不能实时交互和宽带网络视频体验质量不佳的问题。HbbTV 最大的特点是将宽带数据传输融入节目制作流程中，利用互联网的双向性拓展传统电视节目。在播放节目的同时，利用宽带通道传输大量的附加数据及点播功能，实现电视与互联网的相互操作和点播。[①] 在 HbbTV 平台上，从电视进入网站或从网站进入直播，都变得便捷起来，真正实现了社会化媒体上的各种应用程序服务对设备的独立。联网电视带来了许多新商机，开拓了视频广告、电视购物等新的商业渠道，另外还推动了多屏互动业务的发展。

3.2.2　多种技术手段实现媒介融合

社会化媒体的技术优势主要由基础建设部分、视频内容生产部分及信息接收部分这三方面支撑起来。基础建设部分由骨干网技术、宽带接入网技术、移动通信

① 宋睿，何向晖. 电视技术发展走入网络互联时代[J]. 电视技术，2013，37(16)：10-12.

技术构成；视频内容生产部分由信源编码技术、流媒体技术、P2P 技术构成；信息接收部分由 CDN 技术、终端技术构成。拥有了这些技术手段的支持才能保证社会化媒体的优势特点得以实现，下面将详述每种技术手段所针对的应用方向及这些技术手段结合后与电视媒体的结合之处。

1. 基础建设部分

骨干网技术是通信网、计算机网的干线网络。骨干网的建设可以增加通信容量，解决视频容量、流量较大的问题。为保证电视内容的视频质量及快速传递提供了强而有力的载体。

宽带接入网技术主要分为有线网络接入和无线网络接入两种，一般来说有线网络接入会比无线网络更加稳定，可以更好地保证传输质量。但是现在无线网络的稳定性已经可以得到保证，同时多入多出天线（MINO）、智能天线、正交频分复用（OFDM）、多维调制技术和多址接入等技术的发展也为网络无处不在提供了技术基础。

移动通信网技术是移动终端得以迅速发展的基础，也是社会化媒体之所以能够如此迅猛发展的原因，5G 是最新一代蜂窝移动通信技术，5G 基于其大宽带、超可靠、低时延等特征赋能视频行业在信息视频化、视频超高清化、媒介的延伸等方向升级，5G 主要可以解决两方面的问题：一是超高清视频内容的承载难题。5G 的出现满足了超高清视频传输低时延、高速率、高可靠、高安全的技术要求，根据产业的一般标准，4K 视频传输速度至少为 40～60Mb/s，8K 视频普遍需要 135Mb/s 以上的带宽保证传输质量。虽然目前 4G 网络能够提供 100Mb/s 峰值速度，但实际使用速度在 8～60Mb/s 之间的 4G 网络已无法完全满足超高清视频带宽、时延等技术要求，而 5G 网络良好的承载属性解决了超高清视频内容在网络端的发展阻力；二是 VR/AR 等新兴内容的播放需求。手机上播放 2D 视频需要 5Mb/s 的下载速度，4G 完全可以承载。而 VR、AR 内容要求下载速度为 2D 视频的 10 倍以上时，5G 网络低时延、高速率的优越性就能在这个领域得到发挥。

2. 视频内容生产部分

信源编码技术是指对数字音视频信息进行编码压缩，以便于存储、传输和接收的技术，也称数字音视频编解码技术。第一代信源编码 MPEG-2 标准主要使用在意大利、中国香港的 IPTV 系统中；第二代信源编码 MPEG-4、H. 264、AVS 标准的编码效率更高，便于各类视频的点播；第三代信源编码 H. 265 近年来被广泛应用于 4K、高动态范围（HDR）、宽色域（WCG 视频）等领域，但随着 2020 年 5 月由国际标准化组织（ISO）牵头，华为、高通、三星等企业领导制定 MPEG-5 EVC 编码标准正式推出，未来 MPEG-5 能让 4K、8K、VR/AR、HDR 以更快、更优质的方式普及。测试数据显示，MPEG-5 EVC 在主模式下拥有和 H. 265 相同的视频质量，但平均比特率降低 26%；基本模式相较于 H.264，平均比特率降低 31%，解码时间减少 60%。

流媒体(streaming media)技术是一种可以在互联网上直接在线观看音视频的技术。流媒体文件格式是支持采用流式传输及播放的媒体格式，现在的视频网站如优酷网、央视网及各大广电集团的网站都是采用流媒体的形式进行音视频内容的放送。流媒体的最大好处是无需等待，基本上打开网页就会迅速缓冲一部分视频内容，视频文件剩余的部分将会在后台继续下载，不会影响用户的观看。这种方式不仅节省时间，也减轻了系统缓存的压力，现在应用于很多电视节目的在线直播、网上新闻报道等方面。

3. 信息接收部分

CDN 技术通过在现有的互联网上增加一层新的网络架构，将网站的内容发布到最接近用户的网络点，使用户可以就近取得所需的内容。CDN 采用选择节点的方式解决宽带小、用户多的问题，均衡了网点的分布，提升了网络的效能和性能。提高了用户访问网站的响应速度，缩短了等待时间。这一技术大大改变了以往网络视频的传输效率，保证了视频特别是在线浏览视频的顺畅，为后来超级电视上的网络电视质量提供了技术保证。

终端技术是将电视内容与互联网糅合在一起作为传送路径的一种接收设备。这种接收设备具有媒介、社交、储存等多种功能，在这一平台上用户可以接收日常需要的所有信息，如计算机、智能电视等都属于终端设备的一种。现在更具影响力的是移动终端设备，手机和平板电脑等移动终端可以做到让用户随意获取信息资讯或与人沟通交流，而移动终端面临的主要问题在于电池续航及储存空间方面。移动终端的出现让现在的“背包记者”“草根记者”成为了可能，因为有移动终端的保驾护航，当事人才能在第一时间把正在发生的事件上传网络，实现信息发布的即时性、交互性，保证了信息的时效性。

3.3 受众行为模式的变化

英国著名传播学者丹尼尔·麦奎尔在其名著《受众分析》一书中按照研究目的的不同和受众观念的差异，将受众研究划分为结构性受众研究、行为性受众研究和社会文化性受众研究[①]。丹尼尔·麦奎尔把受众的行为解释为在很大程度上是由个人的需求和兴趣而决定的。

由于受众的选择行为受社会环境、社会地位、文化背景的影响，对相同的传播内容会产生不同的看法和态度，因此接收信息效果及受影响程度也不相同。在当

---

① 麦奎尔. 受众分析[M]. 刘燕南，译. 北京：中国人民大学出版社，2006.

下空前开放的社会环境中，受众的个体差异性很大，受到教育程度、家庭背景及社会环境等各方面因素的影响，对信息的选择也会大不相同。在以往传统媒介环境下，媒介的传播范围和效果都有限，受众接触信息、传播信息的环境相对封闭，但是随着新媒介形式的出现，受传关系发生了改变，受众分化更加明显。社会化媒体不但把受传关系重新定位，为受众让渡了更多的媒介信息选择权，更为媒介信息的价值认识和判断带来了挑战。正如尼葛洛庞帝在《数字化生存》一书中阐述的那样："从前所说的大众传媒正演变为个人化的双向交流。信息不再被'推给'消费者，相反，人们把需要的信息'拉出来'，并参与到创作信息的活动中。"由此可见，传统的线性传播模式已经无法合理地解释新型媒体的传播路线，社会化媒体开创了一种全新的、开放式的、非线性的传播样式。

因此，在新的媒介实践环境中，我们更多地把受众称为"用户"，把对受众的定位从早期单纯的信息接收者转变为现在的信息消费者。为了使消费者实现购买行为，我们必须首先了解消费者的购买心态及行为模式。

3.3.1 受众获取信息的方式改变

消费者获得商品信息通常有三种渠道：传播媒介、人际交往和亲身接触。传播媒介主要是指通过电视、广播等媒体上的广告宣传获得商品信息，人际交往主要是指通过家人和朋友相互介绍和推荐获得信息，而亲身接触则指可以作为事件目击者或当事人直接获得对信息的体验。社会化媒体融合了这三种渠道的特点：既具有媒介属性又注重人际交往特性，还可以亲身体验参与。

关于网络对用户获取与使用信息的影响，Choo(1998)提出的一种基于信息需求、搜寻、使用内外三角循环的信息行为模型可以对现在社会化媒体背景下受众的信息获取方式进行解释。在信息需求阶段，用户主要就相关的信息能否解决问题的个人判断进行模拟研究，提出信息的相关性因素；在信息搜寻阶段，使用两个技术因素(感知的有用性、易用性)和一个个人因素(用户想用的态度和对个人价值的评估)进行研究；在信息使用阶段，对用户来说，相比具体的使用社会化媒体，用感知的价值进行研究、评估制定的决策所带来的结果和使用网络能解决的实际问题更重要一些。根据艾瑞咨询提供的《2008年中国网络社区电子商务研究报告》显示，网民在购买电视节目推荐的商品前期，通过网络平台查阅相关信息已经成为一种习惯，有88.0%的网民选择在购买产品或服务前在社区论坛上寻求相关信息。由于社区中可以看到更多拥有实际体验的用户评价，网民对社区中信息的信任程度和依赖程度也不断上升，网络口碑已经成为影响消费者消费决策的重要因素。同样，每当各类与自己紧密相关的信息出现时，现代用户通常会先通过社会化媒体刷出最新消息，辨明真伪，在大量的评论和转发中提取出自己的价值判断，依赖舆论力量对信息进行跟进，所以社会化媒体上才会出现越来越多的民意领袖、微博反腐等现象。

在社会化媒体用户确定接收某条信息之前，会有一个接受意愿的产生过程。社会化媒体对用户的影响是建立在社会化媒体形成的舆论场之上的，用户往往会受"沉默的螺旋"影响形成某一种导向。根据 Rokeach 和 DeFleur(1976)提出的媒介系统依赖理论(media system dependency theory)，当用户在信息获取时必须依赖信息发布者或平台时，用户对媒介的依赖程度就会增加。在信息搜寻中用户会选择他们自身需要的媒介信息内容，把大量的注意力投入这些信息上，并在这一过程中对承载信息内容的媒介投入较高的情感。所以用户对社会化媒体平台上的信息选择和态度，与用户对社会化媒体依赖程度有很大的关系。

现在的用户已经养成了更乐意从新媒体平台获取所需信息的习惯，社会化媒体的便捷性和即时性为用户提供了随时随地快速查询海量信息的途径。此外，社会化媒体还可以方便用户对不同的信息进行深度比较，并且避免用户因为周遭环境如社会环境等压力造成的沉默螺旋现象，为用户提供了长时间的持续的信息量及自由思考判断的时间。社会化媒体这种新型媒体形态利用交互式的传播方式、即时共享共创的传播内容以及海量的云端存储量优势，满足了现在受众的心理需求和社会生活需要。这种新型的媒介形式改变了以往受众获取信息的方式，其呈现出的多样化、多元化对电视媒体的传统优势地位带来了巨大冲击，使媒介市场由原来的单一媒体垄断格局向跨媒体、多媒体并存发展转变。

3.3.2 受众态度的转变

学界对受众态度的转变有以下几种不同的看法：如瑟斯顿以及赖茨曼把态度定义为情感、好恶的表现；美国学者 M. 罗森伯格(M. Rosenburg)则倾向于态度是情感和认知的协调统一，他认为对态度的情感反应是以对客体进行评价而产生的信念和知识为依据的，所以情感和认知都是决定态度转变的必要条件；最后一种看法是由克雷奇、弗里德曼等定义的，他们认为态度是由情感、认知及行为三者构成的综合体。受众的态度就是指受众对信息内容、信息特点和与之相关利益的情感反射，即受众受到一定影响而产生的一定好恶的反应。在整个消费产业链中，媒体也是消费品，只是其商品特性决定了媒体是一个枢纽性、平台性产品，而受众作为消费者或用户，除了资讯和娱乐需求外，他们的衣食住行、生理和心理需求，都可以在这个平台枢纽上得以满足。

在社会化媒体环境下，媒体对用户态度的影响发生了很大的变化，由最早美国广告学家埃尔默·刘易斯(Elmo Lewis)提出的 AIDMA 法则演变为日本电通广告集团的 AISAS 模式(图 3-2)。

从模型的转变中可以看出，原来的模型可以让传统媒体如电视媒体通过议程设置让受众接收大众媒介所要传达的信息以达到预设效果。但是以社会化媒体为代表的新媒体的设置则是让用户通过网络搜索阅读大量相关信息以增加消费信任，特别是要把社会化媒体平台作为获取相关需求信息的主要渠道使用。日本电

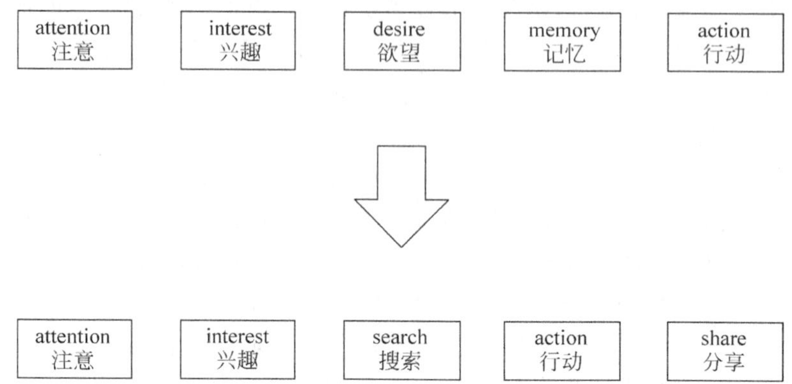

图 3-2 消费者态度转变模型对比

通通过调研，认为 Web 2.0 时代的用户行为受社会化媒体影响改变了许多，在认知信息、比较探讨和决定选择的阶段，其信息来源与决策依据以社会化媒体平台的舆论导向为主。其实社会化媒体通过舆论导向对消费者态度的影响也即消费者对社会化媒体的信任影响了他们的态度。

用户的态度在很大程度上取决于对媒介的信任。对于“信任”这一概念，国内著名学者鲁兴虎(2003)根据各种不同学者的见解，将新媒体平台的信任大致归纳为以下三种具有代表性的观点：第一种观点认为新媒体平台上的信任是一种技术上的信任体系。第二种观点认为新媒体平台上的信任是一些媒介在具体的事件活动中所追求的用户信赖，它在更大程度上同媒介的公信力有关。第三种观点认为新媒体平台上的信任同我们日常社会生活中人与人之间通过交往而建立起来的人际信任一样，指的是社会化媒体平台人际交往过程中的信任关系。显然，社会化媒体能提供的新兴媒体人际交往平台中，这种信任关系主要表现为社会化媒体用户之间相互的心理认同。麦克耐特等(2002)区分了信任信念和信任意图两种结构，认为在新媒体环境下，信任信念是指用户相信社会化媒体平台至少有一种特征对用户是有利的，这种特征包括社会化媒体的服务、品牌和可预见性；信任意图是指即使用户无法完全控制，但仍愿意或倾向于依赖社会化媒体平台。社会化媒体的出现使用户态度对信息选择的影响产生了三个层次：首先，用户的态度将影响其对信息的判断与评价；其次，态度影响用户对信息的关注兴趣与关注效果；最后，态度通过影响用户对信息的信任信念乃至信任意图，而决定最后对信息的选择，产生现实行为。这样的过程方式让态度有助于用户更加适应动态的信息舆论环境，而用户因为提前抱有了这种态度就不会再以新事件的方式做出解释和反应，从这个角度说，用户的态度能够满足或有助于满足用户的信息获取需要。而电视媒体因为缺少搜索的衍生环节，在信息量和信息覆盖面上就无法像社会化媒体一样快速进入行动并分享的二次传播环节，只能依靠用户对信息产生的片段记忆促使其完成第一次的行动，所以电视媒体的用户态度与社会化媒体的用户态度是截然不同的。

3.3.3 传播方式的改变

美国政治学家拉斯韦尔在其1948年发表的《传播在社会中的结构与功能》一文中，建立了信息传播的5W模式，即：谁（who）→说什么（says what）→通过什么渠道（in which channel）→对谁（to whom）→取得什么效果（with what effects）。5W传播过程中包含5个要素：传播者、信息、媒介、受众、效果，其中媒介作为重要因素之一，其传播方式直接影响着媒介的传播效果。

在社会化媒体环境下，信息传播方式发生了巨大的改变。社会化媒体平台的信息传播速度是惊人的，在高度自由的信息发布应用的支持下，信息正以分、秒为单位地进行着大范围的发布和传播。以电视为代表的传统媒体在过去多完成的是一对多、少数对多数的单向信息传播过程，是线性的、不可选择的。它集中表现为在特定的时间内由信息发布者向受众传播信息，而在这一过程中受众只能被动地接收而没有任何反馈，这种静态的传播方式使信息不具备流动性，传播者往往并不知道自己所发布的信息是否已经进行了有效的传播。而新媒体的传播方式是双向的，传统的发布者和受众现在都成为信息的传播者和接收者，传收之间实现了双向度的转换，形成了动态的循环传播过程。相对于社会化媒体平台，传统媒体在传播的速度、广度、深度等方面显然心有余而力不足，线性的单向传播、节目内容同质化严重、反馈较慢、表现方式单一，特别是电视媒体还有播出时间、节目时长的限制，加之电视设备又不具备便携性、传阅性的特点，在成本投入方面也远高于新兴媒体，这使传统电视媒体用户逐渐转向社会化媒体平台，去搜寻自己需要的信息内容。

随着改革开放的进一步深化，国内的社会结构不断地发生变化，这直接影响了社会中媒介机构的组织、性质及传播方式的转变。媒体所扩散传播的信息性质和受众接受媒体信息后的行为反应是媒体性质变化的主要原因。在传播学理论中存在两种观点：一种是认为媒体具有强大的、万能的影响受众的力量，媒介一定会在社会生活中对受众产生效应。一种是认为媒体对受众的影响是有限的、适度的，受众自身的主观能动性会对媒体发出的信息进行选择。无论哪种观点都承认了媒介对受众的影响，媒介无论是强大还是有限的“影响力”都立足于当代信息社会的整体结构及其特征之上。信息社会是当前社会化媒体对传播方式影响的主要背景原因。

社会化媒体的出现丰富了传统媒体的传播方式，现在传统媒体已经把社会化媒体作为很好的第二屏扩展渠道，帮助传统媒体消化溢出的信息量；或从社会化媒体寻求信息源，深度挖掘信息内容。如电视媒体在报道新闻时会首先考虑设计较有影响力的“架构”（frame），以期达到最佳的信息传达效果。电视新闻的报道实际上也是电视机构对新闻的一种自我诠释，完全客观公正的报道是不存在的，在新闻的报道过程中总会多多少少受到周遭环境及采编者自身的主观价值判断影响，通过对某些方面的强化报道和某些方面的弱化报道将加工过的新闻强加给信息接收者,以特定的视野、观察角度及传播方向来呈现新闻。而在社会化媒体如360度无死角的全景视角下,电视媒体无法再像过去一样按照自己的议程设置来完成新闻事件的全部报道。虽然现在电视媒体在新闻报道上几乎都采用全方位报道、现场直播、卫星连线等时效性比以往更强的手段,但仍然比不上在事发现场当事人发布信息的速度。社会化媒体会不断地更改电视媒体原定的议程设置,在事件发展或调查过程中随时提出新的值得挖掘的报道方向。如通过当事人的信息发布,电视媒体可以根据与新闻事件相关的社交圈、关注方向、发布的信息内容及相关联用户的评论等进行分析,完成一幅完整的事件逻辑图景。社会化媒体的信息共享、协作是对传统的传播方式做出的最大改变。

3.4 产业层面的改变

3.4.1 产业人才的公用性

目前,我国的媒介行业人才结构多呈橄榄形,即以日常工作人员为主体,管理人员、技术人员比例较小,这种人才结构会导致管理、经营和特种岗位人才的缺乏。媒体内部比较合理的人才结构应该为哑铃形,即以管理人员和技术人员为主,日常工作人员比例较小。目前传媒机构最缺乏的就是技术和专业结合的复合型人才,特别是经营管理方面的人才。

社会化媒体的迅速崛起,对媒介从业人员提出了复合型、全方位发展的要求。新型媒体要求从业人员除了能够对信息进行采集、编辑之外,还需要了解新型的应用程序,了解新媒体的传播规律、社会化媒体用户的心理需求等。但是现在的媒介行业里很少有既了解电视媒体节目设计,又能熟练操作网络节目制作的人员。美国密苏里新闻学院教授达利·莫恩(Darly Moen)在接受采访时说道,“很多人都觉得我们应该培养一些‘背包记者’(back pack umallsts),也就是一名文字、摄影、摄像全能的记者”,他在这里就点出了媒介融合趋势下记者所应兼备的多项技能。中国人民大学新闻学院蔡雯教授认为,两类新型人才——能在多媒体集团中整合传播策划的高层次管理人才和能运用多种技术工具的全能型记者编辑将会成为未来媒体的首选,数字技术和多媒体的通识人才将会成为各种媒体争相竞争的有力资源。

媒介融合的核心理念和竞争优势即资源共享,这一特点主要体现在两个方面:一是信息资源共享。广播、报纸、电视、新媒体的从业者通过日常性的互动相互分享对方的信息线索、思想与创意;同时媒介间可以稍作修改甚至未经任何变动地发布对方的内容产品。二是设备资源共享。各类媒介共同使用大编辑部制的生产场地、机器设备,这样可以避免各媒介间的重复建设。通过资源共享,大大降低了生产成本,体现了跨媒介集团化运作的极大优势。在媒介融合时代,信息生产与发布的技术更多样、复杂，习惯于传统媒体生产流程的任何单一媒介，都不足以承载多媒体内容生产的完整架构。电视媒体应该抓住3G后传播时代的机遇，培养全媒体型的业务人员，实现专业人员采集的信息既能为报纸、网络、手机媒体供稿，又能为广播、电视所用的最终目标。要想培养电视从业人员的全媒体素质，首先得充分了解全媒体的传播特质，这样在信息刚开始采集时就可以提前预设好将来可以在哪类媒体上使用，使素材符合不同媒介的标准和要求，实现信息采集渠道和传播通道的多元化。

社会化媒体的出现对电视媒体从业人员的知识更新也提出了要求。科学技术的不断发展促进了传播设备的升级换代，从业人员只有对媒介产品和媒介技术动态保持高度、密切的关注才能做到更好地引领舆论导向，适应新媒介环境的发展。社会化媒体所具备的即时、交互技术保证了信息的时效性，云端储存技术使海量信息更好地完整呈现，从而提升节目内容的质量和深度。可以说媒介融合时代的信息生产方式方法为全媒体记者提供了施展才华的空间，也为多媒体信息传播提供了宽广的平台。

除了以上几点，开发和整合信息资源、媒介资源、环境资源、人文资源和受众资源等多种资源，已经成为媒介机构获取竞争力的主流战略。各种单载体、单网络、单媒体在聚合后，可以相互补充、相互提升、相互促进，提高信息利用效率与传播效果。因而电视媒体要充分发挥其传播载体、传播网络、传播媒体的独特优势，在信息通道、信息来源上形成聚合强势效应，使受众对信息的接收更具有纵深感和全面性。社会化媒体的出现所带来的人才公用对整个传媒业的影响是深远的，也是新媒体时代的必由之路。当代的传媒从业者必须对未来的发展趋势有所预测，顺应媒体传播的变革规律。全媒体素质培养对电视媒体从业者来说既是机遇更是挑战。

3.4.2　产业的优势互补

媒介产业是指由传播媒介等信息传播行业所组成的产业群，它主要包括印刷媒介的报纸、杂志、图书和电子媒介的广播、电影、电视以及以网络为代表的新媒体的带有传播属性的企业经济活动集合。[①] 当然企业也并不是只能从事单一的经济类型活动，跨行业的多产业经营在现在这个时代已经非常普遍。有学者认为从经济学意义上简单来说，“媒介产业化”就是媒介集团顺应市场发展，通过市场化的理性经营向企业形式过渡，构建内外关系，而形成的经济集合体。

就现在的电视产业来说，单纯地通过扩展视频业务、网站和手机服务是无法完成真正意义上的数字化转型的。这种渠道的简单扩展只能说是把电视节目内容多平台、叠加性地进行了二次发布，把新媒体渠道当成了电视媒体的一个附属品，忽

---

① MBA智库百科. 传媒产业[EB/OL]. (2014-02-17)[2014-03-30]. http://wiki.mbalib.com/wiki/%E5%AA%92%E4%BB%8B%E4%BA%A7%E4%B8%9A.

略了新媒体自身具备而恰恰电视媒体又缺乏的巨大优势。新媒体尤其是社会化媒体的出现是推动媒体行业发展的革命性力量。现在的媒介产业革新无论是在程度、形式还是在效果上都已经远远不止是单纯的渠道扩展而已,更多的产业革新或是融合出现在了电视产业、娱乐产业、信息产业、家电制造业等跨界行业间,产业与产业之间的边界日益模糊,众多关联产业共同取长补短发展的趋势已经形成。媒介与媒介之间或者媒介与相关联产业之间的优势互补可以极大地激发各自优势功能的融合渗透,这也是传统电视行业终将脱离单一产业营销方式,探索新的盈利模式和营销战略的必经之路,产业优势的互补会为电视产业寻求新的发展契机。

举例来说,电视媒体有其自身的局限性,电视单向线性传播的特质让其缺乏与受众互动的方式方法,虽然后来电视媒体尝试了用电话、短信的方式与受众进行互动交流,但是节目时长的限制使可以互动的覆盖人群非常小,无法产生真正的后续效应。而交互却是社会化媒体最突出的优势,除了搭建和观众之间的沟通平台,在电视直播的同时还可以利用社会化媒体平台和受众进行全时段的互动,更好地对想要传播的信息进行议程设置。凤凰卫视的《全媒体全时空》节目于 2013 年 1 月 1 日开播,在凤凰卫视中文台、美洲台、欧洲台、凤凰新媒体、U-Radio 五大平台同步直播,节目糅合了全媒体资源,就每天的热点话题打造一个全媒体参与报道、民众互动讨论的平台。节目中采用国内外电视新闻采访,U-Radio 电话连线听众,网络民意数据调查、文字资料引用,微信语音、微博文字留言发表观点等方法,对当天的热点事件完成了一个全面、多元的社会生态分析。凤凰新媒体的网站上还贴出大量与节目相关的背景资料,供网友查阅。同时网站上每一天的节目也都会按时间顺序储存下来,为凤凰卫视电视节目资料库的建成积累资料,便于网友、自身及其他传媒机构查阅。现在媒体之间相互引用节目内容资料的情况十分常见,这也是电视机构之间互相交流的一条新渠道。

谷歌作为全球规模最大的搜索引擎提供商,一直致力于打造电视和网络的混合体,将电视和网络在实质上融合,实现了电视互联网化。谷歌的"谷歌电视计划"曾经为电视与新媒体平台的融合提供了一个很好的解决方案,但是受困于操作复杂和电视广播公司的抵制,谷歌电视的家庭客厅计划进行得并不乐观。而谷歌研发的另一产品 Chromecast 电视棒却获得了成功,这是一款可以把手机和平板电脑上的内容投射到电视屏幕的设备,因为操作简单更加受用户的欢迎,这是一种浅层的在电视和网络上的融合尝试。在国内,这种跨界的尝试也获得了很大的成功,如乐视超级 TV 等智能电视就创造了家电产业的一个神话。截至 2013 年年初,乐视 TV 智能终端总销量突破 120 万台,其中超级电视销量 30 万台左右,远超预期,盈利预期超过 4.8 亿元。2014 年 1 月,乐视又宣布发布 LetvUI 3.0 全球首款全体感智能电视操作系统,配合高清体感摄像头,让用户可以通过手势和体感动作,对超级电视隔空进行桌面切换、频道切换,进行体感大屏游戏等操作。数据显示,乐视 TV 超级电视日均开机率超过 72%,周均开机率超过 90%,月均开机率达到 95%。

每台超级电视日均开机时长 5.45 小时，日均播放内容 55 次，而用户 LetvUI 的升级率也超过 96.63%。依托“平台＋内容＋终端＋应用”的乐视生态系统，乐视 TV 与智能电视厂商和应用开发商携手，打造了第一应用市场 Letv Store。Letv Store 已有游戏、娱乐、生活、工具、阅读等多个类型的应用程序近 3000 款，其中不乏搜狐、新浪、京东、百度、联众、德州扑克、K 客、乐猫彩票、三国杀、斗地主等精品智能电视应用。跨平台的产业优势互补为电视媒体提供了很好的突围思路，带来了很高的经济效益。

3.4.3　产业的合作模式

媒体的产业合作模式越来越多样化，在产业合作上主要聚焦在联合制作发行、联合商务运营、联合制造影响力三个方面。联合制作发行主要是指在内容生产方面的合作，联合商务运营是指电视和新媒体在盈利模式、营销方面的合作，联合制造影响力是指电视媒体和新媒体依靠各自的平台优势，把公信力和影响力有效结合的一种合作形式。

联合制作与发行的合作模式之所以会被放在首位，究其原因还是在于传媒行业作为一个以内容生产为重的行业来说，节目的质量决定一切，“内容为王”无论在什么平台下都是王道。电视媒体作为社会化媒体的内容商，为社会化媒体提供了丰富的内容资源。各视频网站的节目资源大多还是来源于电视台制作的节目内容，原创的网络节目非常少。这主要是因为电视台有自己的节目制作团队、策划能力和强有力的品牌保证，并且已经拥有了一定规模的固定收视群，新媒体只要购买电视节目的版权就可以获得有保障的节目内容资源在其媒介平台播出。社会化媒体在电视节目的内容播出上可以起到促进作用，如天津卫视与新浪联手打造的《大剧共赢〈水浒传〉》在收视份额、业界影响等方面就取得了超出预期的成绩。新浪网在整个营销过程中整合各个平台资源，充分发挥了新浪“门户＋微博”的双平台优势。首先，新浪网视频频道通过同步直播、大片点播、微直播等多平台播放，让用户可以通过多入口，随时观看影片。其次，通过新浪娱乐频道深度报道，微博平台的微访谈、微首发等方式进行推广，扩大了影片的影响力。同时，与天津卫视合作了衍生节目《老郭讲水浒》《今夜有水浒》等，全面升级其独播剧为超级大片的概念，放大台网联动效果。

商务运营合作为电视媒体提供了新的盈利契机。电视台单纯的电视广告形式已经不再能满足多变的现代受众需求，电视媒体如果想继续利用广告盈利，除了涨价之外就要靠将电视内容与广告相结合，让观众在接受电视传播信息的互动过程中，把想要宣传的广告内容当作生活常态自然而然地接受。电视剧《男人帮》就在这方面做出了尝试，《男人帮》把剧中的经典台词和经典装扮作为传播的重点，在微博上掀起了观众对经典台词和经典装扮的挖掘热情。一方面男主角孙红雷延续了剧中人物的独白形式拍摄广告，“不想 out，教你一个词：fashion。《男人帮》全剧潮服在京东商城都能找到，便宜你了"，使广告和电视剧完全融合，以影视剧的影响力带动剧中服装品牌赞助商的销售力和京东网站的活跃度，在观众心中留下深刻印象。另一方面京东商城在首页开辟《男人帮》专版，不但有首页广告，而且在京东商城大幅促销期间也进行《男人帮》专版的推广，各种台词对应不同类别的产品，让销售也变得有故事性，剧情与京东各类产品的销售进行高度的结合，也是这次《男人帮》与电商网站合作的创新方式之一。而京东商城的新浪微博，同时也成为该片的宣传阵地，从模板视觉设计到促销 Tab 的包装让《男人帮》的符号标志在京东商城随处可见。

除了以上两种合作模式之外，联合制造影响力也是较常见的产业合作模式。相对于社会化媒体来说，电视媒体的公信力更强，带给观众的认同感更高。同时电视媒体的缺陷也十分明显，就是在即时性、交互性上远远比不上社会化媒体，再加上电视媒体的时长限制，无法把电视媒体想要传播的信息完整地呈现出来。但是与社会化媒体合作后，社会化媒体因为其高渗透性、分享原则的特点会使电视媒体在信息传播和舆论引导上形成一个连贯的制作与信息传递链。电视媒体在这个信息链中负责做出权威信息发布，保证发布信息的真实、有效，而社会化媒体负责分享社会化流量的持续循环，也就是说当用户看到互联网的某些内容，部分用户将其分享到社会化媒体，传播给其社会化网络中的其他用户，而这些用户也会看到这些内容，并继续进行分享传播，一个完整和循环的社会化分享过程就开始运行。这种合作模式可以很好地发挥电视媒体和社会化媒体的各自优势，把两类媒体的影响力做到最强。

随着增强现实（angmented reality，AR）、虚拟现实（virtual reality，VR）技术不断提升，以及 2020 年以来新冠疫情的影响，基于上述技术的"元宇宙"在 2021 年 10 月 28 日，因为扎克伯格宣布 Facebook 改名为 Meta，并将元宇宙确认为公司首要目标而再次密集出现在大众视野中。如果按照元宇宙的核心内涵，人们在虚拟世界与现实世界最终实现了融合，形成了具有沉浸感、开放性、经济系统、虚拟文明等特征的生态系统，那么互联网世界未来格局将重塑，社会化媒体与电视媒体之间的产业互补优势将进一步加强。

第4章

社会化媒体背景下电视媒体融合发展的指标体系建立及效果分析

通过对国内现有的社会化媒体与电视媒体融合表现形式的梳理及其融合产生动因的分析后，本章作者拟用焦点小组访谈法、问卷调查法、二次数据分析法等几种科学方法，对第 1 章提出的基本观点进行论证。经过分析考证，我们把社会化媒体背景下电视媒体融合发展的指标划分为四大部分进行讨论，即社会化媒体背景下电视媒体一线从业人员业务素质、电视媒体内容生成与社会化媒体内容发布的关系、社会化媒体背景下电视媒体受众的选择行为及社会化媒体背景下电视媒体组织机构和产业转型。

4.1 社会化媒体背景下电视媒体一线从业人员业务素质的指标建立

本节拟通过焦点小组访谈的方法，选取两组访谈者，探讨电视媒体一线从业人员作为主要的传播执行者，面对社会化媒体出现的新形势，所需要提高的业务素质情况。

4.1.1 访谈准备

访谈目的：为了了解电视从业人员作为传播者，在社会化媒体发展所带来的新形势下，自身业务素质变化的具体情况。

访谈对象：访谈对象为电视台一线从业人员，由于最理想的访谈对象是有相似特点但彼此不认识的人，背景多样性可以激发彼此自由谈话，所以访谈对象按照在新闻频道、娱乐频道、财经频道等不同频道工作来分类，他们彼此之间不认识，但都有至少一年的社会化媒体使用经验，并且具有在工作中使用社会化媒体的习惯。访谈对象为 12 男 8 女，随机分为两组，每组 10 人，每组访谈时间为 40～60 分钟。

访谈方法：由主持人即作者提出核心问题，发起讨论并协调访谈对象之间的讨论，鼓励他们之间互相交流。

访谈时间：第一组 2013 年 7 月，第二组 2013 年 8 月。回访时间：2021 年 3 月。

访谈问题：访谈者的社会化媒体使用情况、使用频率；在现在社会化媒体迅猛发展的新形势下，作为传统媒介从业人员急需提升的素质。

4.1.2 访谈结果分析

1. 社会化媒体使用情况

两组人中，使用社会化媒体三年以上的有 6 人，两年以上的有 12 人，一年以上的有 2 人(图 4-1)。大家表示已经形成通过社会化媒体获取信息的习惯。每个人都有使用超过两种以上社会化媒体的经验，主要是选用新浪微博和微信。他们在社会化媒体上发布个人信息的时间集中在下午和晚上。根据 2021 年 3 月对访谈中仍从事传媒领域的从业人员回访，电视从业人员不仅长时间使用社会化媒体，更是将社会化媒体平台上的内容作为自己电视节目内容的素材加以使用，同时通过微信视频号、抖音开辟了个人专栏。

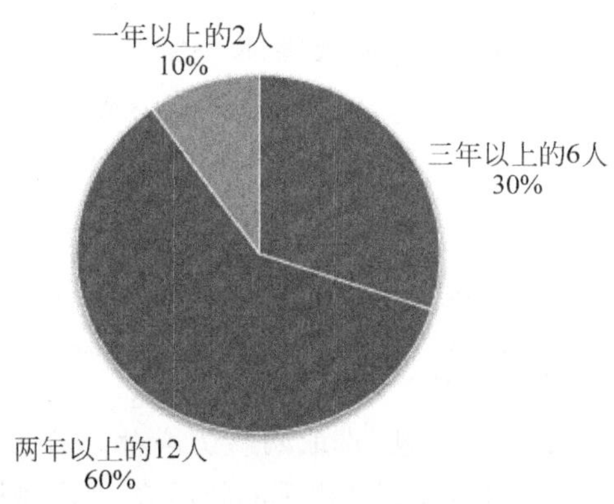

图 4-1 电视从业人员社会化媒体使用情况

2. 社会化媒体使用时长

平均每人每日社会化媒体使用时间在 1～3 小时(图 4-2)，使用习惯一般是在空闲时才会使用社会化媒体。但是大多数人都会选择整天挂在线上，最频繁的使用者会每隔一小时刷新一次信息。他们多采用移动终端登录，保持随时在线的状态。根据 2021 年 3 月对访谈中仍从事传媒领域的从业人员回访，电视从业人员对社会化媒体使用的时间均超过 5 小时，除使用时间外，与 2013 年最大的不同是，很多电视媒体从业人员还花费了大量的时间在社会化媒体平台的内容制作上，将社会化媒体平台当成宣传个人品牌和电视节目品牌最好的工具。

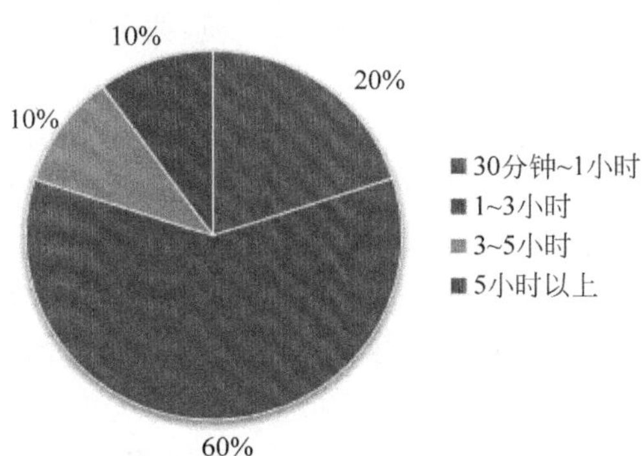

图 4-2 电视从业人员社会化媒体使用时长

3. 急需提升的业务素养

在调查中排名前 5 位的业务素养分别是：基本业务素养、文化素养、职业道德素养、政治素养、法律法规素养。其中，基本业务素养、文化素养、职业道德素养是一线从业人员最关注的三个方面。无论是在 2013 年还是在 2021 年，一线工作者对排名前 5 位的素养的态度一直没有转变，由此可见，媒介形态的变化不能改变文化产品内容为王的本质。

1）基本业务素养

通过访谈可知，大部分一线工作人员都认为，基本的业务素养是作为从业人员最需要不断提升的地方。在媒介融合快速发展的新环境下，传媒机构纷纷整合各类媒体的突出优势，推出具有跨平台性质的新型节目形式，这种形式已经很好地运用在国内的新闻节目及综艺节目上。但是，无论节目形式如何变化，节目内容总是决定媒体核心竞争力的关键因素之一，任何时候节目内容的质量都是一档节目能否成功的决定性因素。媒介技术的发展使信息传播的速度和效率增快，但是节目内容的质量却出现了比较严重的问题。在内容部分，受社会化媒体影响最大的当属新闻类节目，如在社会化媒体的参与下，新闻内容的选择成为对新闻记者最大的考验。社会化媒体上的信息内容重复度高、缺乏深度、同质化现象等问题十分严重，碎片化的零散信息无法还原事实的本来面目。千龙研究院的调查显示，目前我国每天更新的网络新闻推送内容重复率达到了 60%，热点新闻的消息转发量最高能达到 10 000 次。在这样的大背景下，电视记者如何在社会化媒体提供的大量碎片化、重复信息中挑选出具有时效性、独家性的新闻就成为对现代记者业务素养的基本要求。值得注意的是，访谈中大部分一线记者或编导都提出，有时为了追求信息发布的时效性和独家性，记者和编导在进行节目制作时几乎是不假思索地快速采编新闻，更多地把注意力放在了采编技巧和时效性上，一味地追求速度的后果往往导致了对新闻客观性的忽视，更缺乏报道的深度，导致新闻报道质量不高，甚至会出现报道言词模糊、信息不准确的情况。除此之外，还有一些情况是为了追逐经济利益或社会效益，一味地迎合受众猎奇的心理，使节目内容表现出强烈的娱乐化、煽情化、低俗化倾向。

在访谈中，有70%的一线从业人员还提出，因为社会化媒体对电视媒体的迅速渗透，使他们必须加强自身的全媒体业务素养。熟悉社会化媒体平台环境已经成为当代记者必备的基本业务素养之一。现在的新闻记者和编导在完成新闻采访或采集后，除了要完成文字稿件外，还要完成视频、图片、网页报道等多种媒体的新闻信息制作，这对记者和编导的全媒体业务能力提出了很高的要求。对从社会化媒体推送的新闻里提取出的新闻点，七成以上的一线从业人员认为，因为现在的推送消息会造成大家一窝蜂地去关注同一类事件的现象，从业人员在节目选题和制作方面会有很多重复。这种社会新闻内容的大范围共享对记者和编导的业务素养提出了很高的要求，同样的事件切入角度不同、切入的时间段不同、切入的舆论环境不同，做出的新闻效果也不一样，这要求记者和编导不仅要有扎实的理论功底、与众不同的报道切入视角，更要熟悉社会化媒体上事件的发展规律，掌握社会化媒体的特性，这样才能更好地利用社会化媒体上的新闻资源，知道在什么阶段选用社会化媒体资源，什么阶段选用电视媒体平台，做到有的放矢，形成更全面、更完整、更客观的报道。

此外，还有一半的访谈者表示，因为工作量大、绩效考评方式等原因，他们缺乏时间和精力去学习新的业务技能，学习动力严重不足。

2）文化素养

网络媒体的出现使信息的沟通变得顺畅、多元，而社会化媒体的出现使信息的沟通开始变得即时、繁杂。社会化媒体的快速发展模糊了受传之间的界线，信息信源和传播主体发生了很大的变化。普通网民既是信源的提供者，又是简单信息的发布者。在参与访谈的一线从业人员中，60%的人认为面对社会化媒体发布的繁冗复杂、真假难辨的信息，全面的文化素养成为现实工作中急需提升的部分。据新闻出版总署报刊司的统计，目前已经换发新版新闻记者证的近25万名新闻采编人员中，99%以上拥有大专以上学历。新闻记者绝大多数为中青年，其中20～30岁的青年人占12.7%；31～40岁的中青年人占39.4%；41～50岁的中年人占32.8%；51～60岁的只占13.9%。中青年记者作为这一行业的中流砥柱，大部分具有丰富的多年报道经验和大学以上新闻、影视相关专业的学历，但是要在社会化媒体的海量信息中做到去伪存真，挖掘出具有新闻价值的新闻点进行追踪、跟进报道，就对从业人员的跨领域跨学科的专业化、复合型文化素养提出了要求。例如，现在的电视媒体从业人员就需要具备一定的多媒体思维，在了解社会化媒体传播效果的同时，能够明白哪种社会化媒体信息资源可以适用于电视平台，并可以最终通过包装完成成品效果。并且在新闻采集的开始就要有整合传播的思路，对社会化媒体上的资源进行用户价值的全方位挖掘，为接下来的资源整合传播打好基础。

通过对访谈者的调查，我们发现有90%的受访者安装了移动社会化媒体终端。智能手机、平板电脑的普及让越来越多的人可以随时随地地接收新闻信息，这对电视一线从业人员的电视人身份认定造成了模糊，电视从业人员和普通网友一样在接收信息、转发信息中就自然而然地完成了一次信息传播的过程。在这样的自媒体时代，想要做一名合格的电视从业人员不但要掌握采编播的新闻专业知识，还要掌握一定的科技知识、心理学知识、社会学知识才能更好地抓住社会大众的心理，引导舆论方向，在工作过程中游刃有余地面对社会化媒体的浸入。

3）职业道德素养

在访谈中，所有受访者讨论最激烈的就是从业人员的职业道德素养问题。大家的讨论主要聚焦于虚假新闻、有偿新闻、低俗之风、不良广告四个方面。媒体一直被称为无冕之王，舆论监督是保证整个社会公平公正的一股强大力量。但同样也是因为这股强大的力量给了很多从业人员以权谋私的机会。60%的人承认自己报道过有偿新闻，并且认为现在的有偿新闻已经成为一种潜规则，在报道结束之后事件当事人一定会给予一定的“车马费”，如果拒绝的话当事人就会担心报道是否公正。有受访者表示曾经通过社会化媒体搜索到一条当地的公益救助新闻，去采访之后当事人坚持给记者红包，怕不给红包导致造成不良的舆论影响而需要做危机公关会花费更多。特别是在现在社会化媒体真假难辨的海量信息面前，有时记者或节目编导前去采访或沟通时会发现，很多人只是想借助媒体力量达到自己的个人目的。在这种情况下，很多记者和编导为了完成工作量或为了功利性的其他目的，在明知事实不属实的情况下还完成了采访或帮助事件当事人“编故事”。还有一种职业道德的缺失是对节目内容进行恶意的炒作。在这一问题上有30%的受访者承认为了让自己的节目产生舆论效应，在社会化媒体和视频网站上通过水军灌水的方式增加点击率、转发量和评论量，引发联动效应，持续吸引大众目光。受访者中有一人承认曾经在新闻报道中故意歪曲事实真相，为的是可以做成系列报道，在最后一期节目中才公布事实真相，造成反差吸引观众。

另外一类属于无意的职业道德缺失，如有受访者表示自己制作的节目因为没有注意到当事人的个人隐私问题，导致了社会化媒体上大范围的“人肉搜索”，对当事人造成了伤害。这表明了从业人员缺乏对社会化媒体这种新型自媒体的特性、规律的认识。还有一种经常出现在青年记者身上的情况，有些资历较浅的年轻记者会因为个人的主观情感判断，而产生了有情感偏向的报道，造成了一种所谓的“媒介审判”。

4）政治素养

随着数字化技术、互联网技术、移动技术等现代科技的发展，媒体所承载的信息量越来越多，社会化媒体作为信息的发源地、公众的发声平台和具有影响力的舆论场，对电视一线从业人员的政治素养提出了要求。访谈中，受访者一致认为媒体作为党和政府的宣传机构，具有引导社会正能量和发布真实、权威信息的重要作用，电视媒体需要担负起引导社会舆论的重要任务，因此，广大的一线从业人员必须具备一定的政治素养。一线从业人员的政治素养主要表现在正确的政治立场、思想道德品质以及其内在理论知识储备等多个方面。要完善新闻从业人员的政治素养，新闻从业人员必须对我党的发展历程进行充分的了解，积极学习毛泽东思想、邓小平理论、“三个代表”等重要理论思想，并且深入地了解我国现阶段的基本国情、基本路线以及科学发展观等政府宏观的指导思想和战略决策。在访谈中有受访者表示紧跟形势可以做出许多有影响力的系列新闻报道，例如，在十二届全国人大一次会议闭幕会上，习近平主席在将近 25 分钟的讲话中，提到了 9 次“中国梦”，随之展开的概念中就有很多点可以提取出来，作为节目内容制作的设计思路，节目播出后在社会化媒体上形成话题讨论群组，很好地凝聚起了观众对政策的讨论和深入理解。还比如，央视新闻联播就做过一期“中国梦·凝聚百姓声音”的街访，很好地营造了全民讨论的舆论氛围，引发了电视媒体和社会化媒体的联动反应，在两个媒介平台上都收获了很好的效果。党的十八大结束后，也有很多编导记者根据报告内容整理出与公众民生息息相关的新闻点，通过节目内容的制作以视觉化的形式清晰、明了地把报告核心精神很好地传达给了受众。作为一名合格的媒体从业人员首先必须自身具备一定的政治敏感性，才能把握新闻点，通过媒介的传播很好地传达政府想向民众表达的意思，避免社会化媒体上误读的出现，做到正确地引导舆论。

5）法律法规素养

30％的受访者认为长期以来国内媒体构建的“拟态环境”已经严重影响到人们的真实想法和社会认知，这种拟态环境的发展也影响到了信息传播的真实性和可靠性。正是基于这种媒介构建的世界，使人们对信息真假的分辨能力弱化，媒体并没有扮演好“把关人”的角色，缺乏对信息进行有效的区分，甚至出现了虚假新闻、煽情炒作新闻、娱乐效果过度的新闻等情况，新闻信息的传播严重缺乏有效的监督和把关。与此同时，近些年来一些违反新闻法规的公共事件的发生，折射出了在新媒介背景下我国的媒体工作人员在法律法规素养上的欠缺问题。被采访的一线从业人员认为在对国内法律法规没有一定认识和了解的情况下，进行节目内容的制作时常会出现“伤及无辜”的情况，现在争论比较大的部分集中在电视媒体引用社会化媒体的内容是否需要注意版权的问题及在节目制作中引用了社会化媒体使用者发布的信息，需不需要征求发布者的同意、许可。随着商品经济的快速发展，部分新闻记者为了追求轰动的传播效应，很多时候放弃了对法律知识的尊重，长此以往，我国新闻记者的法律意识就会越来越淡薄。特别是在一些涉案事件的报道上，很多媒体习惯在审判之前就对其进行定性，占领舆论制高点，殊不知这也是对当事人的一种“媒体绑架”，变相地影响司法审判的独立性。在现代的新媒介生态环境下，电视从业人员需要逐渐树立依法报道、制作的职业理念。

4.2 电视媒体内容生成与社会化媒体内容发布的关系分析

本节中将选取2013年的两起突发性事件进行对比——雅安地震和长春婴儿被盗作为分析案例，详细阐释电视媒体内容生成与社会化媒体内容发布的关系。

4.2.1 电视媒体为主社会化媒体为辅——四川雅安7.0级地震

【事件回放】北京时间2013年4月20日8时02分四川省雅安市发生7.0级地震。消息传出后，各类媒体纷纷对地震情况进行不间断报道，立即引来全国人民的强烈关注，救援、捐款、寻人、祝福的声音响彻电视媒体和社会化媒体。在大灾面前，中国人再次展现了大爱无私的精神。

2013年4月20日8时02分，“@成都高新减灾研究所”发出了第一条关于四川雅安芦山县地震的消息，微博中对灾情的反应速度远远快于其他媒体平台。8时03分中国地震台网以官方形式发出第一条地震情况报道微博，引发事件微博的第一次集中爆发，短时间内被快速大量转发。8时08分第一条受灾群众微博从芦山县发出，同一时间新华网作为第一家报道地震情况的媒体，发出地震情况微博。

同时段，在上午8时20分，上海东方卫视第一次以口播形式发布了四川雅安芦山县7.0级地震的消息。8时30分东方卫视播出《看东方》特别报道：雅安地震节目，9时CCTV新闻频道新闻直播间口播四川雅安发生7.0级地震，10时30分四川卫视《雅安地震特别报道》开始直播灾区现场情况。地震发生后的12小时内，全国33家上星卫视中，东方卫视、宁夏第1财经、湖南卫视、北京卫视、湖北卫视、四川卫视、深圳卫视、江苏卫视、浙江卫视等都播出了自制灾情直播节目。地方台自制的地震特别报道在18时左右到达最高峰，基本上每个上星卫视播出的都是关于地震相关的报道。19时40分央视一套《焦点访谈》对外发布了权威的阶段统计信息，节目内容涉及地震时街道监控录像、受伤人员救治情况、物资医疗救治情况、交通垮塌情况、水电情况等。主持人李小萌也在节目中呼吁，在通信瘫痪的情况下请大众利用微博、微信等方式发布求救信息。

通过统计分析得知，在地震发生的第一天社会化媒体的反应比电视媒体只快18分钟，可以说社会化媒体和电视媒体对突发事件的反应速度都非常迅速，但是在信息的传播速度、广度、丰富度及现场感上，社会化媒体毫无疑问地处于领先位置。8时03分中国地震台网发布的官方微博地震信息在3分钟内一级转发超过220条，还不包括大量二级、三级的病毒式转发。截至4月20日下午05时，有关四川雅安7.0级地震的微博总数达到6400万条，雅安地震寻人微博总数231万条，雅安报平安微博总数1008万条，微博形成了全民皆为报道者的舆论场。通过对

4月20—26日雅安地震相关微博的梳理，统计得出地震发生72小时之内用户多关注救援，第4、第5天更关注捐款，第6、第7天则更多地表达了祈福雅安、对灾区的物资重建及心理重建的关注。

同时，针对4月20—26日雅安地震相关电视报道的内容梳理，地震发生的72小时之内电视节目也多是与救援相关的内容，如央视的《焦点访谈》节目从4月20—22日连续三天报道了受灾区域人员的伤亡情况，被救助的灾民物资接收情况，灾民的医疗救助情况，受灾地区的交通、水电中断恢复情况等；从4月24日开始各大卫视的新闻节目陆续报道了社会各界对四川雅安地震灾区的捐款、捐赠物资到位情况。在报道过程中提及受灾地区所急缺的物资种类，引发全社会的捐助氛围；4月28日四川卫视直播《中国爱420芦山地震》大型公益特别节目，节目讲述了地震中涌现出来的动人故事，大量的公益组织和明星来到现场用表演传递正能量，用爱心温暖灾区，呼吁更多人参与到抗震救灾中来。其他卫视也多报道灾区现在逐渐好转、井然有序的新闻，为灾后人们的心理重建提供了一个好的舆论环境。

突发性事件报道是最能展现电视媒体与社会化媒体平台联动性的案例类型，以四川卫视《雅安芦山地震特别报道》为例，在直播节目的播出中，四川卫视的微博平台滚动发布电视上正在直播的新闻点，不断更新最新消息，转发受灾地区民众的微博，开通网台联动的寻亲平台，在四川卫视滚动播报灾民求助信息（图4-3、图4-4）。

图4-3　四川卫视地震寻人微博（1）

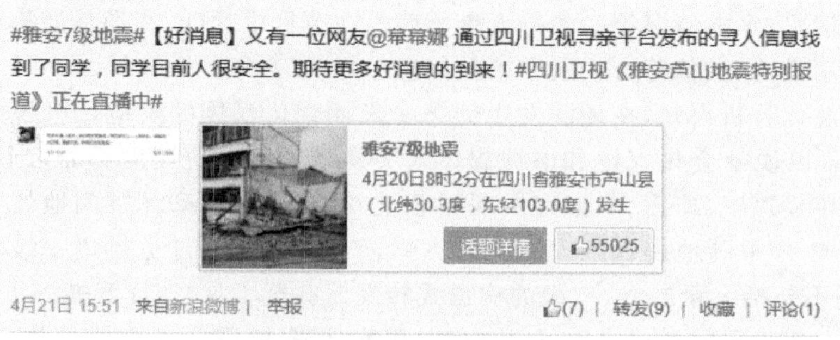

图4-4　四川卫视地震寻人微博（2）

因为电视节目时长的限制，电视不可能做到面面俱到、完整地详述需要的物资种类，这时微博就可以对电视媒体平台播报的缺口起到一个很好的信息补充作用。观众在听到电视的报道后，可以登录微博查询所需的物资总类并进行捐赠（图4-5）。

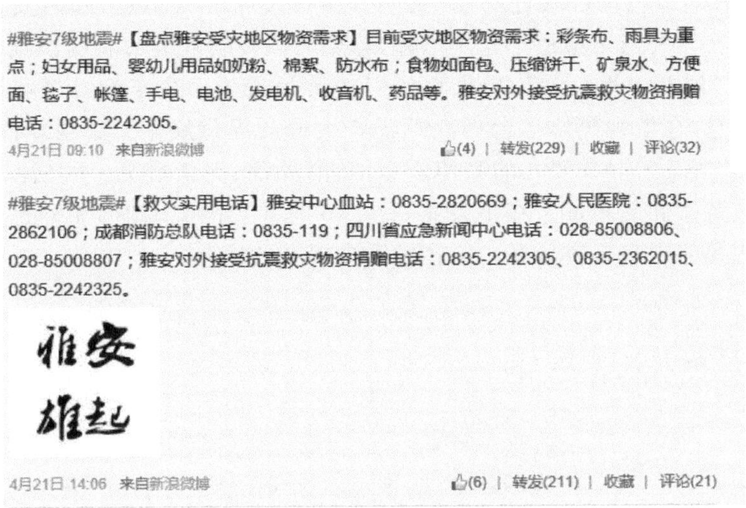

#雅安7级地震#【盘点雅安受灾地区物资需求】目前受灾地区物资需求：彩条布、雨具为重点；妇女用品、婴幼儿用品如奶粉、棉絮、防水布；食物如面包、压缩饼干、矿泉水、方便面、毯子、帐篷、手电、电池、发电机、收音机、药品等。雅安对外接受抗震救灾物资捐赠电话：0835-2242305。

4月21日 09:10　来自新浪微博　　赞(4) | 转发(229) | 收藏 | 评论(32)

#雅安7级地震#【救灾实用电话】雅安中心血站：0835-2820669；雅安人民医院：0835-2862106；成都消防总队电话：0835-119；四川省应急新闻中心电话：028-85008806、028-85008807；雅安对外接受抗震救灾物资捐赠电话：0835-2242305、0835-2362015、0835-2242325。

雅安
雄起

4月21日 14:06　来自新浪微博　　赞(6) | 转发(211) | 收藏 | 评论(21)

图4-5　四川卫视地震救助微博

从以上的分析中可以看出，电视媒体与社会化媒体相比，在新闻的报道上是具有一定延时性的，这种延时性使社会化媒体和电视媒体的报道形成了一种很好的衔接关系，电视媒体可以通过社会化媒体上民众的关注点，议程设置自己的报道逻辑，这样的一种互动可以很好地把社会化媒体具有海量、碎片化信息的影响力与电视媒体具有权威、完整发布的公信力结合在一起，达到最佳的播报效果。

四川雅安地震突发性事件是以电视媒体为主、社会化媒体为辅的案例，电视媒体作为事件报道的主体，提供权威、官方、具有公信力的信息，提供整个事件的全景图。社会化媒体作为辅助性媒体，及时补充电视媒体无法完全覆盖的部分，充分地发挥了社会化媒体影响力大、覆盖面广的特点，很好地完成了整个事件全方位、立体化的报道。

4.2.2　社会化媒体为主电视媒体为辅——长春婴儿被盗

【事件回放】2013年3月4日早晨，长春市区内一辆汽车被盗，车内一名两个多月的婴儿失踪。5日晚，警方通报嫌疑人周某已被抓获，据其交代，周某在逃跑途中将婴儿掐死埋于雪中。两个月的婴儿，正值刚学会微笑的时候，然而这样一个可爱鲜活的生命就此凋谢！在微博上无数人为这个可怜的孩子伤心落泪。

2013年3月4日8时38分，“@新文化报”发出了婴儿和汽车丢失的消息。8时41分新文化网发布了“长春全城紧急搜索”的微博，10时34分“@央视新闻”官方账号发布该事件微博，引发网友第一次的大规模集中转发，短时间内该微博被快速大量转发255 600次、评论45 969条，引发了全民关注。3月5日8时47分

"@吉林公安"官博及时利用微博平台发博跟进案件发展，几分钟之内微博转发量高达 28 979 条、评论量达 3280 条。19 时 55 分"@吉林公安"官博发布事件结果，网友自发在微博举办悼念仪式。

3 月 4 日当地电视台联合广播、微博等媒体发布寻人消息，随后安徽卫视、江苏卫视等也在事发当天报道了这次事件，希望可以发动社会力量提供线索，寻找婴儿。3 月 5 日河北卫视、广东卫视、重庆卫视等报道了丢失车辆已经找到，男婴下落不明的消息，在电视媒体平台再次呼吁广大群众提供线索。央视新闻在两天之内发布了 16 条关于寻找婴儿的微博信息，随时关注、更新情况。根据图 4-6 可知，长春婴儿被盗事件的转发量在事发第一天 10 时 34 分和 16 时 49 分达到最高点，广大社会化媒体用户响应号召大量转发丢失婴儿的信息。

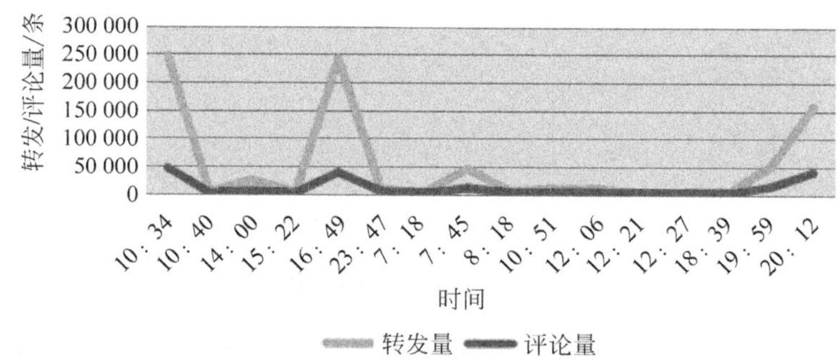

图 4-6 长春婴儿被盗事件转发评论图

长春婴儿被盗案是由社会化媒体作为源头发起的，和其他案例最大的不同在于，这是一起以社会化媒体的跟进为主电视媒体的报道为辅的突发性事件。因为"@央视新闻"和"@吉林公安"在微博平台上发布的寻人消息引发了电视媒体的联动效应，电视媒体协助社会化媒体的寻人诉求，在电视媒体平台发布经核实过的官方消息，很好地推动了微博寻人的整个事态发展。在电视媒体平台报道的消息中大量引用了社会化媒体的内容，有的电视节目直接从微博用户的评论中提取出具有代表性的观点，表达了警方和民众对盗婴者一定要围追堵截到底的态度和普通民众对婴儿健康状态的担忧。大量社会化媒体用户在获知婴儿被盗的消息之后自发开着私家车组成搜寻队，甚至有私家车主带着自己尚在哺乳期的妻子在街上寻找，希望能早日找到婴儿的下落，这些在电视媒体平台被报道的社会化媒体消息不但推进事态的进展，更传播了一种社会正能量。也正是因为在如此强大的舆论压力下，犯罪嫌疑人在案发第二天下午主动去当地警察局自首，案件于两天之内在社会、媒体的围追堵截下迅速告破。值得注意的是，电视媒体的影响力不光体现在电视平台上，也体现在社会化媒体平台上，如"@央视新闻"微博和其他媒体微博相比就拥有绝对优势的转发量、评论量，在 20 小时左右转发量达到 815 396 次，评论量达到 177 773 条。这也说明了具有官方权威色彩的电视媒体在社会化媒体空间里依然享有较高的公信力，其发布的微博信息也更容易被社会化媒体用户转发和评论。

4.2.3 分析结果

通过这两个案例的分析对比我们可以得出以下结论：电视媒体的内容生成和社会化媒体的内容发布有隐性关联和显性关联两个层次。隐性关联如四川雅安7.0级地震突发事件，在整个事件发展过程中电视媒体主导了报道，社会化媒体的内容不是那么直接地使用在电视节目里，但是从议程设置上仍然影响、推动着事件的报道进程，电视媒体在事发现场发回一手的影像资料，同时通过社会化媒体补充在电视媒体上没有完全呈现的节目内容，两类媒体完美衔接，完成完整的事件报道；显性关联如长春婴儿被盗突发事件，在这一事件中电视媒体基本援引社会化媒体的内容和观点，所有内容取材都来自社会化媒体，电视媒体的作用主要是跟进社会化媒体上发布的内容，对社会化媒体上的信息进行证实、评论，并对事件的深度进行挖掘，提供值得大众深入思考的角度。这种关系放在8年后的2021年仍不过时，无论是新冠疫情、"7·19"河南暴雨还是"错换人生28年"案，突发性事件仍存在隐性关联和显性关联。

4.3 社会化媒体背景下电视媒体受众的选择行为分析

4.3.1 研究框架

本节最主要研究的问题是：社会化媒体对电视媒体内容可信度的影响。通过对社会化媒体的归类，移动互联网用户相关研究的回顾，本研究以微博、微信、人人网、QQ四类使用用户数量最多、使用率最高的社会化媒体作为研究对象，将电视内容分为本地信息、国内信息、国际信息、体育信息、娱乐信息、经济信息、时政信息七大部分。[①] 为了更好地了解社会化媒体对电视媒体在近十年间的变化影响，本调研于2021年3月15日进行了再次调研，结合社会化媒体发展实际，将人人网替换为抖音后，将2013年发放的问卷在8年后再次发放(图4-7)。

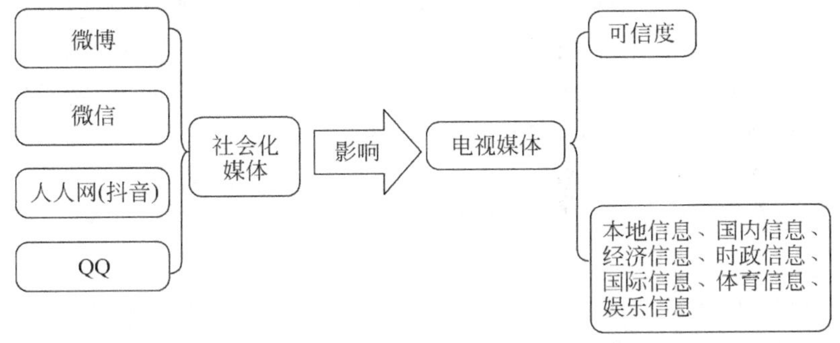

图4-7 调研框架结构图

① 张洪忠，朱蕗鋆. 微博、微信对传统媒体内容使用的影响[J]. 新闻记者，2013(12)：64.

4.3.2 研究问题

本节主要通过问卷调查的方式探讨社会化媒体用户对电视媒体的可信度及内容选择行为的影响。在对社会化媒体分类的基础上，通过因子分析构建一个基于社会化媒体用户在电视媒体可信度和内容选择上的解释模型。在对模型进行实证研究的基础上，找出影响用户对电视可信度及内容选择的关键因素，并根据研究结果，提出具体的应对策略。

研究会根据获得的调查数据挖掘出同时使用社会化媒体和电视媒体用户的人口结构特征，不同电视信息内容的占有率及主要用户的人口结构特征，不同社会化媒体的使用情况及主要用户的人口结构特征。通过因子分析，对社会化媒体对电视媒体的内容选择和可信度进行分析，本研究主要回答以下几个问题。

问题 1：使用社会化媒体了解电视信息的用户结构特征。

问题 2：社会化媒体用户对电视媒体内容的使用规模、使用频率。

问题 3：社会化媒体用户的电视内容选择状况。

问题 4：社会化媒体对电视媒体可信度、电视媒体报道内容的影响。

4.3.3 抽样方法

由于本研究的调查对象是同时使用社会化媒体和电视媒体的用户，那么根据社会化媒体的概念、特征以及用户的特征，本调查将采用网络调查方式，通过专业性调查网站"问卷星"来进行问卷回收，还有一小部分通过线下问卷发放。鉴于社会化媒体用户群体数目庞大且不可知的特点，本研究通过滚雪球式抽样方式进行抽样。滚雪球式抽样属于非概率性抽样，它通过一个研究参加者找到另外一个或多个具有类似特征的参加者，像滚雪球一样，获得越来越多的样本。[①] 参加者在个人朋友圈完成调查问卷后，竭力邀请本人及被访者的好友和影响力较大的名人转发问卷，并通过 QQ、短信、电话等方式，邀请他们的关联朋友也参与问卷调查。为确保问卷的有效性，在发放问卷之前都确认了滚雪球的对象是同时使用社会化媒体和电视媒体的用户，并具有电视媒体和社会化媒体使用习惯。研究者通过在问卷发布方式中设置不允许 IP 地址重复，来避免在线填写者重复提交调查问卷的情况。

第一次调查问卷的发放时间为 2013 年 8 月 30 日—9 月 30 日，共计一个月。本研究拟发出问卷 1200 份，通过一个月的问卷发放，实际共发出问卷 1200 份，最终共回收调查问卷 1100 份，其中有效问卷 1052 份，问卷有效率约为 95%，符合统计分析要求。

第二次调查问卷的发放时间为 2021 年 3 月 15—19 日，共计 5 天的时间。本研究拟发出问卷 1200 份，实际共发出问卷 1591 份，最终共回收调查问卷 1277 份，问

① 基顿，张国良，邓建国. 传播研究方法[M]. 上海：复旦大学出版社，2009.

卷有效率约为80%，符合统计分析要求。问卷回收后进行了有效性筛选，判断问卷是否有效的标准主要有三条：一是问卷中的问题是否全部答完；二是问卷受访者是否全部选择了同一个答案；三是问卷作答时间是否合理。[①]

本研究调查问卷共20题，若以每题从阅读到点击选择的平均时间最低3秒计算，答完全部问卷题项的时间应该在60秒以上。那么根据发布平台后台时间记录核对，填写调查问卷的时间少于60秒的作为无效问卷剔除。

本研究受访者的人口统计学特征如下。

(1) 2013年和2021年问卷在受访者年龄部分较为一致：受访者绝大部分为20～39岁的中青年群体，20～29岁的人群较30～39岁人群稍多一些，这与社会化媒体的主体用户相符合。

(2) 2013年和2021年问卷在受访者教育程度部分较为一致：以大学本科为主，在2013年问卷中占到77.4%，在2021年问卷中占到70.8%。本科为主体人群，高学历和低学历的都偏少。CNNIC(2014.1)的报告显示，在社会化媒体用户中，大学学历的比例占据主体地位，约60%以上，但是随着技术的普及，低学历用户的增长开始超过高学历用户的增长，这也说明社会化媒体开始更大范围地普及。[②] 本样本的学历分布较均匀，基本符合实际分布趋势。

(3) 2013年和2021年问卷在受访者男女比例部分较为一致：2013年样本中男性受访人数为537人，约占51%。女性受访人数为515人，约占49%。2021年样本中男性受访人数为651人，约占51%。女性受访人数为626人，约占49%。与国务院第七次全国人口普查数据中，男性人口占51.24%、女性人口占48.76%的情况较为一致。

(4) 在对各量表的信度(consistency)检验方面，本研究通过计算科隆巴赫阿尔法系数来鉴别各量表的内部一致性和稳定性。本研究以科隆巴赫阿尔法系数达到0.70为可接受的信度水平。[③] 通过对变量的测量结果与及时修改，调查研究的信度大于0.70。在问卷的效度即准确性(accuracy)方面，问卷结果显示所有用户多有同时使用社会化媒体和电视媒体的习惯，社会化媒体对电视节目内容及可信度有一定的影响。问卷的表面效度也通过前测和之后的修改进行了完善。此外，正式测量之前对本研究的调查问卷进行了前测，整个问卷调查具有较好的信度和效度。

4.3.4　数据分析方法

对于回收的样本数据，本文主要采用SPSS 17.0软件，通过以下统计方法进行描述和分析。

(1) 统计描述分析(descriptive statistics)：对各变量的均值、标准差和频数等

---

① 王娟. 微博客用户的使用动机与行为：基于技术接受模型的实证研究[D]. 济南：山东大学，2011.

② 中国互联网络信息中心. 第33次中国互联网络发展状况统计报告[R]. 2014.1.

③ 基顿. 传播研究方法[M]. 邓建国，张国良，译. 上海：复旦大学出版社，2009.

做出统计，来描述被试用户的电视媒体和社会化媒体使用情况。

(2) 比较分析(comparative analysis)：将客观事物加以比较，以认识事物的本质和规律并做出正确的评价。对两个相互联系的指标数据进行比较，从数量上展示和说明研究对象规模的大小、水平的高低、速度的快慢，以及各种关系是否协调。

(3) 相关性分析(correlation analysis)：是研究变量之间密切程度的一种统计方法。本研究将讨论微博、微信、QQ、抖音的使用频率与电视媒体可信度之间的相关性分析，微博、微信、QQ、抖音的使用时长与电视媒体可信度之间的相关性分析，微博、微信、QQ、抖音的使用频率与电视媒体内容之间的相关性分析，微博、微信、QQ、抖音的使用时长与电视媒体内容之间的相关性分析。

在接下来的分析中，将以2021年问卷数据为主，与2013年的问卷数据进行对比分析，详细梳理媒体用户在媒体形态变化迅速发展下行为选择的变化。

4.3.5 数据统计结果与分析

1. 总体描述分析

1) 人口统计学特征分析

调查结果显示，受访者中20～29岁的年轻人最多，占45.0%。但是30～39岁的中年人也占有37.5%的比例，与2013年的数据相比均有所下降，20岁以下和40岁以上的人数有所增长，可见随着社会化媒体的不断普及，青少年和中年以上群体用户不断增加(表4-1)。

表4-1 人口统计学特征：年龄

	年龄	频数	频率/%	有效频率/%	累计频率/%
有效数据	20岁以下	41	3.2	3.2	3.2
	20～29岁	575	45.0	45.0	48.2
	30～39岁	479	37.5	37.5	85.7
	40岁以上	182	14.3	14.3	100.0
	合计	1277	100.0	100.0	

根据调查，受访者教育程度以大学本科为主，占70.8%，但是大学本科及以下学历的群体占了90.8%，这与2013年的样本情况较一致。根据2021年第七次全国人口普查数据，我国大专以上学历占比为15.47%，比2012年的第六次全国人口普查数据增长了近7%。随着全国学历的不断提升，社会化媒体的用户集中在高中至大学阶段，这也是社会化媒体始终保持活力的原因所在(表4-2)。

表 4-2　人口统计学特征：受教育程度

	学历	频数	频率/%	有效频率/%	累计频率/%
有效数据	初中及以下	15	1.2	1.2	1.2
	高中及专科	241	18.9	18.9	20.0
	大学本科	904	70.8	70.8	90.8
	硕士研究生	108	8.4	8.4	99.3
	博士及以上	9	0.7	0.7	100.0
	合计	1277	100.0	100.0	

据调查显示，月收入 3000 元以上的群体占了 83.2%，这与 2013 年的数据基本一致。但其中占比最多的用户由 2013 年的月收入 3000～4999 元转变为 2021 年的月收入 5000～6999 元，占 23.8%；其次是月收入 9000 元以上的用户，占 21.7%，而在 2013 年排名第二的是月收入 5000～6999 元的用户。这一变化与我国居民收入稳定增长有直接的关系(表 4-3)。

表 4-3　人口统计学特征：月收入

	月收入	频数	频率/%	有效频率/%	累计频率/%
有效数据	1000～2999 元	215	16.8	16.8	16.8
	3000～4999 元	206	16.1	16.1	33.0
	5000～6999 元	304	23.8	23.8	56.8
	7000～8999 元	275	21.6	21.6	78.3
	9000 元及以上	277	21.7	21.7	100.0
	总计	1277	100.0	100.0	

2) 用户在 5 类媒介上的使用频率及时长分析

据调查显示，在 5 类媒介的使用上，微信、抖音的使用频率较高，其中微信的使用频率最高，为 87.24%(表 4-4)，这与 2013 年的调查有显著差距，在 2013 年 QQ 的使用频率最高，为 72.57%。电视使用频率较低，与 2013 年相比，由 58.25%下降至 15.35%，由此可见电视媒体观众群体已越来越多地被社会化媒体用户分流。微博的使用频率最低，这与抖音的出现有很大关系，在互动性、视听体验上，社会化媒体自身也在不断地进化，微博目前更多的功能体现在“热搜”上。

数据显示，在使用时长上(表 4-5)，电视媒体有很好的表现，占 68.6%，这与电视媒体长久以来培养的用户收视习惯有关，虽然有社会化媒体的不断涌现，但是在国内的客厅文化及接收信息习惯里，电视媒体仍然是不可缺少的一部分。在使用时长上抖音的表现不佳，这可能是因为抖音作为一种即时性的媒体，很多用户并不会在持续很长一段时间内一直使用。而微信占 98.59%，说明微信的普及程度很广，微信成为常态化的生活习惯。

表 4-4 用户在 5 类媒体上的使用频率 %

使用天数	使用媒体				
	微博	微信	抖音	QQ	电视
0 天	18.87	0.94	12.06	14.02	21.30
1 天	10.65	0.94	4.78	9.40	8.38
2 天	8.77	0.86	4.78	10.57	15.04
3 天	11.04	0.86	6.66	10.18	11.04
4 天	7.13	2.35	9.87	10.10	9.79
5 天	11.20	2.66	10.57	11.67	12.53
6 天	5.64	4.15	10.49	5.79	6.58
7 天	26.70	87.24	40.80	28.27	15.35

表 4-5 用户在 5 类媒体上的使用时长(10 个月内一直使用) %

微博	微信	抖音	QQ	电视
55.05	98.59	43.23	61.32	68.60

3) 用户对 5 类媒体的信任度分析

调查结果显示，在最信任的媒体上，电视媒体占的比例最大，为 57.95%，这说明电视的公信力还是得到了大众的认可，民众更愿意相信电视报道的内容，但该数据比 2013 年下降了 15.35%，社会化媒体的公信力在逐渐增强。在社会化媒体中，公信力增长最迅速的是微博，增长 12.11%，而微信则一直保持着较稳定的可信度。最不被信任的媒体是 QQ 和抖音，只有 1.49%和 4.62%。微博虽然是以弱关系为主的陌生人圈子，但是随着一次次热搜的助推，微博逐渐成长为大众发声的重要平台，得到了大众的信任。抖音作为新生媒体尚未完全得到大众的认可，但 QQ 无论是在 2013 年还是在 2021 年，在可信度方面都一直垫底，值得深思(表 4-6)。

表 4-6 用户最信任的媒体 %

微博	微信	抖音	QQ	电视
18.95	16.99	4.62	1.49	57.95

4) 用户对 8 类媒体上获取信息内容的选择分析

通过调查得知，在 8 类媒体(其中新闻 APP 作为新媒体时代下传统媒体的常态化补充，也被列入)的信息内容选择上，用户还是习惯用电视接收信息，在本地信息、国内信息、体育信息、时政信息上均占比最多，分别为 30.31%、34.06%、29.21%、37.35%。但是在娱乐信息接收上，用户较倾向于使用社会化媒体，特别是倾向于使用微博接收娱乐信息，占 32.26%，其次是抖音，占 30.62%。在本地信息接收的媒介选择上，排序前三位的是电视、新闻 APP、微信；在国内信息、体育信息、时政信息接收的媒介选择上，排序前三位的是电视、新闻 APP、微博；在国际信息接收的媒介选择上，排序前三位的是新闻 APP、电视、微博；在经济信息接收的媒介选择上，排序前三位的是新闻 APP、电视、微信；在娱乐信息接收的媒介选择上，排序前三位的是微博、抖音、新闻 APP(表 4-7)。

与 2013 年相比，使用电视接收各类信息的用户比例均下降约 20%。在使用社会化媒体接收的各类信息中，本地信息、经济信息更多选择强关系的微信接收。

表 4-7　用户对 8 类媒体上获取信息内容的选择　%

	微博	微信	电视	广播	报纸	新闻 APP	QQ	抖音
1. 本地信息	7.05	18.48	30.31	6.19	6.34	22.63	2.43	6.58
2. 国内信息	13.94	7.99	34.06	2.90	3.52	28.66	2.74	6.19
3. 国际信息	15.66	5.32	30.07	2.98	2.43	36.18	1.96	5.40
4. 体育信息	15.04	7.44	29.21	5.95	2.98	27.80	4.46	7.13
5. 娱乐信息	32.26	10.81	5.40	2.11	2.66	12.22	3.92	30.62
6. 经济信息	8.14	10.18	27.41	5.95	5.48	36.57	1.96	4.31
7. 时政信息	9.01	6.42	37.35	4.15	4.78	32.03	3.05	3.21

5) 看电视时的社会化媒体伴随行为分析

通过调查得知，在看电视时有 75.88%的人会用社会化媒体去搜索观看节目的相关信息，这一直以来都是最主要的伴随行为方式。在同时与社会化媒体上的朋友讨论方面，该伴随行为由 2013 年的 61.29%上升至 2021 年的 71.73%。社会化媒体在观看电视时的伴随行为已经成为一种常态，电视媒体已成为多屏互动中的一部分(表 4-8)。

表 4-8　看电视时的社会化媒体伴随行为(多选)　%

看电视时的伴随行为	比例
查收邮件	24.90
与社会化媒体上的朋友讨论	71.73
搜索观看节目的相关信息	75.88
查看体育赛事得分	31.17
搜索广告产品相关信息	25.92

2. 比较分析

本文所采用的交叉比较分析，分别以性别、年龄、教育程度以及收入四者作为因子进行分析，目的是为了观察不同的因素在这四个方面是否具有比较显著性的差异。显著性检验 p 值取小于 0.05，在 95%的置信度下进行差异性检验。

1) 性别卡方检验与交叉分析

从表 4-9 中可以看出，在过去一周内微博的使用天数上，男性与女性之间具有显著性的差异；在本地信息、国内信息、国际信息、体育信息、娱乐信息这几种信息内容的获取途径上，男性与女性之间具有显著性差异。而 2013 年性别与各媒体间均没有显著差异。

表 4-9 性别与各媒介、信息内容间的显著性差异

	变量	卡方值	df	p 值
在最近一周里，请问您有几天使用过这些媒介	微博	39.49	7	0.000
	微信	13.02	7	0.072
	抖音	8.72	7	0.273
	QQ	6.27	7	0.051
	电视	10.85	7	0.145
请问这些信息内容，您主要通过哪一种方式获取	本地信息	33.51	7	0.000
	国内信息	23.30	7	0.001
	国际信息	29.18	7	0.000
	体育信息	33.81	7	0.000
	娱乐信息	71.41	7	0.000
	经济信息	8.68	7	0.277
	时政信息	8.52	7	0.289

对微博使用频率和性别之间进行交叉分析，了解男女之间对时政信息获取的具体差异之处，由表 4-10 可知，女性使用微博每周 7 天的比例最高，占 32.3%，而男性在过去一周内微博使用天数为 0 的比例最高，占 24.1%。

表 4-10 微博的男女用户使用差异 %

过去一周内微博使用天数	性别		合计
	男	女	
0 天	24.1	14.5	18.9
1 天	11.6	9.8	10.6
2 天	10.6	7.2	8.8
3 天	10.1	11.9	11.1
4 天	7.5	6.8	7.1
5 天	10.7	11.6	11.2
6 天	5.3	5.9	5.6
7 天	20.1	32.3	26.7
合计	100.0	100.0	100.0

下面几个表格给出了在本地信息、国内信息、国际信息、体育信息、娱乐信息这几种信息内容的获取途径上，男性与女性之间差异性的体现。

由表 4-11 可知，绝大多数用户获取本地信息主要是通过电视媒体，其次是新闻 APP。男女用户主要的差异表现在微博和抖音的使用上，男性更偏向于选用抖音获取本地信息，女性更偏向于选用微博获取本地信息。

表 4-11　男女用户在本地信息获取方式上的选择差异　%

本地信息获取方式	性别		合计
	男	女	
微博	3.9	9.7	7.1
微信	18.8	18.2	18.5
电视	30.5	30.1	30.3
广播	4.8	7.4	6.2
报纸	7.8	5.1	6.3
新闻 APP	22.2	23.0	22.6
QQ	2.9	2.0	2.4
抖音	9.1	4.5	6.6
合计	100.0	100.0	100.0

由表 4-12 可知，绝大多数男女用户获取国内信息主要是通过电视媒体，其次是新闻 APP。男女用户主要的差异表现在微博的使用上，女性使用微博获取国内信息的比例较高。

表 4-12　男女用户在国内信息获取方式上的选择差异　%

国内信息获取方式	性别		合计
	男	女	
微博	9.2	18.0	13.9
微信	8.7	7.4	8.0
电视	35.5	32.9	34.1
广播	3.1	2.7	2.9
报纸	4.6	2.6	3.5
新闻 APP	29.4	28.1	28.7
QQ	2.7	2.7	2.7
抖音	6.8	5.6	6.2
合计	100.0	100.0	100.0

由表 4-13 可知，绝大多数男女用户获取国际信息主要是通过新闻 APP，其次是电视媒体。男女用户主要的差异表现在微博的使用上，女性使用微博获取国际信息的比例较高。

表 4-13　男女用户在国际信息获取方式上的选择差异　%

国际信息获取方式	性别		合计
	男	女	
微博	10.4	20.1	15.7
微信	5.8	4.9	5.3
电视	31.2	29.1	30.1
广播	2.7	3.2	3.0

续表

国际信息获取方式	性别		合计
	男	女	
报纸	2.4	2.5	2.4
新闻 APP	37.9	34.7	36.2
QQ	2.9	1.2	1.9
抖音	6.7	4.3	5.4
合计	100.0	100.0	100.0

由表 4-14 可知，绝大多数男女用户获取体育信息主要是通过电视媒体，其次是新闻 APP。男女用户主要的差异表现在微博的使用上，女性使用微博获取体育信息的比例较高。

表 4-14　男女用户在体育信息获取方式上的选择差异　%

体育信息获取方式	性别		合计
	男	女	
微博	10.7	18.7	15.0
微信	7.7	7.2	7.4
电视	28.0	30.2	29.2
广播	4.3	7.4	6.0
报纸	3.1	2.9	3.0
新闻 APP	33.4	23.0	27.8
QQ	4.4	4.5	4.5
抖音	8.4	6.1	7.1
合计	100.0	100.0	100.0

由表 4-15 可知，绝大多数男女用户获取娱乐信息主要是通过微博，其次是抖音。男女用户主要的差异表现在微信和新闻 APP 的使用上，男性使用微信和新闻 APP 获取娱乐信息的比例相对较高。

表 4-15　男女用户在娱乐信息获取方式上的选择差异　%

娱乐信息获取方式	性别		合计
	男	女	
微博	20.8	42.0	32.3
微信	13.5	8.5	10.8
电视	6.5	4.5	5.4
广播	2.6	1.7	2.1
报纸	2.9	2.5	2.7
新闻 APP	15.9	9.1	12.2
QQ	4.9	3.0	3.9
抖音	32.9	28.7	30.6
合计	100.0	100.0	100.0

2）年龄卡方检验与交叉分析

结果显示，在过去一周内微博、抖音、QQ、电视的使用天数上，不同年龄段之间具有显著性的差异；除经济新闻以外，其他几种信息的获取在不同年龄段之间具有显著性差异(表 4-16)。2013 年只有微博、微信在使用天数上与不同年龄段之间有显著差异；在信息获取上只有体育新闻呈显著相关。

表 4-16　年龄与各媒介、信息内容间的显著性差异

调查项目	变量	卡方值	df	p 值
在最近一周里，请问您有几天使用过这些媒介	微博	131.38	21	0.000
	微信	16.60	21	0.735
	抖音	49.19	21	0.000
	QQ	165.07	21	0.000
	电视	189.21	21	0.000
请问这些信息内容，您主要通过哪一种方式获取	本地信息	53.18	21	0.000
	国内信息	109.81	21	0.000
	国际信息	76.47	21	0.000
	体育信息	82.06	21	0.000
	娱乐信息	175.61	21	0.000
	经济信息	30.05	21	0.091
	时政信息	53.71	21	0.000

如表 4-16 所示，微博、微信使用频率及体育信息的获取和年龄之间是具有显著性差异的，故而对微博、抖音、QQ 及电视使用频率和年龄之间进行交叉分析，了解不同年龄层对微博、抖音、QQ 及电视使用频率的具体差异，结果如下。

年龄和微博的使用频率之间是具有显著性差异的，由表 4-17 可知，20 岁以下的人群一周之内有 7 天使用微博的比例为 31.7%；20～29 岁、30～39 岁人群与 2013 年情况一致，40 岁以上人群一周内使用微博天数为 0 的比例与 2013 年的情况截然相反，2013 年 40 岁以上使用微博 7 天的人比例最高，为 39.1%。由数据可知，相对来说，年轻人更倾向于使用微博。

表 4-17　不同年龄用户使用微博的频率差异　%

一周之内使用天数	年龄				合计
	20 岁以下	20～29 岁	30～39 岁	40 岁以上	
0 天	24.4	11.8	20.0	36.8	18.9
1 天	4.9	7.8	13.8	12.6	10.7
2 天	7.3	8.0	8.8	11.6	8.8
3 天	12.2	8.9	14.8	7.7	11.0
4 天	2.5	7.5	7.3	6.6	7.1
5 天	2.4	13.2	10.4	8.8	11.2
6 天	14.6	6.1	4.6	4.9	5.6
7 天	31.7	36.7	20.3	11.0	26.7
合计	100.0	100.0	100.0	100.0	100.0

年龄和电视的使用频率之间是具有显著性差异的，由表 4-18 可知，它们之间的交叉分析结果为，20 岁以下、20～29 岁的人群一周之内有 0 天使用电视的比例最高，分别为 53.6%和 32.7%；30～39 岁人群和 40 岁以上的人群一周有 7 天在使用电视的比例最高，分别占比 19.6%和 28.6%，由数据可知，相对来说，30 岁以上的人群使用电视频率相对较高。

表 4-18 不同年龄用户使用电视的频率差异 %

一周之内使用天数	年龄				合计
	20 岁以下	20～29 岁	30～39 岁	40 岁以上	
0 天	53.6	32.7	10.0	7.7	21.3
1 天	4.9	8.7	7.1	11.5	8.4
2 天	12.2	16.9	15.5	8.8	15.1
3 天	7.3	10.4	12.3	10.4	11.0
4 天	0	10.4	10.6	7.7	9.8
5 天	7.3	8.9	15.9	16.5	12.5
6 天	4.9	4.0	9.0	8.8	6.6
7 天	9.8	8.0	19.6	28.6	15.3
合计	100.0	100.0	100.0	100.0	100.0

年龄和 QQ 的使用频率之间是具有显著性差异的，由表 4-19 可知，它们之间的交叉分析结果为，20 岁以下、20～29 岁的人群一周之内有 7 天使用 QQ 的比例最高，分别为 68.3%和 40.7%；30～39 岁人群和 40 岁以上的人群一周有 0 天使用 QQ 的比例最高，分别占比 17.1%和 23.6%，由数据可知，相对来说，年轻群体使用 QQ 的频率相对较高。

表 4-19 不同年龄用户使用 QQ 的频率差异 %

一周之内使用天数	年龄				合计
	20 岁以下	20～29 岁	30～39 岁	40 岁以上	
0 天	4.9	9.1	17.1	23.6	14.0
1 天	2.4	7.3	10.7	14.3	9.4
2 天	2.4	8.7	11.3	16.5	10.6
3 天	7.3	9.0	12.9	7.2	10.2
4 天	4.9	8.0	12.9	10.4	10.1
5 天	7.3	11.1	14.0	8.2	11.6
6 天	2.5	6.1	6.3	4.4	5.8
7 天	68.3	40.7	14.8	15.4	28.3
合计	100.0	100.0	100.0	100.0	100.0

年龄和抖音的使用频率之间是具有显著性差异的，由表 4-20 可知，它们之间的交叉分析结果为，30～39 岁人群一周内有 7 天使用抖音的比例最高，占 45.1%，而 20 岁以下的人群一周内 0 天使用抖音的比例为 29.3%，远高于其他几个年龄段

的群体。

表 4-20 不同年龄用户使用抖音的频率差异 %

一周之内使用天数	年龄				合计
	20 岁以下	20～29 岁	30～39 岁	40 岁以上	
0 天	29.3	15.1	7.3	11.0	12.1
1 天	2.4	4.9	4.4	6.0	4.8
2 天	2.4	5.9	3.3	5.5	4.8
3 天	12.2	5.7	6.1	9.9	6.6
4 天	4.9	10.3	10.6	7.7	9.9
5 天	7.3	10.6	9.8	13.2	10.5
6 天	7.3	9.2	13.4	7.7	10.5
7 天	34.2	38.3	45.1	39.0	40.8
合计	100.0	100.0	100.0	100.0	100.0

调查结果显示，年龄和本地信息的获取方式之间具有显著性差异。由表 4-21 可知，20 岁以下的人群选择微信获取本地信息的比例最高，占比 31.7%，其次是新闻 APP；20～29 岁、30～39 岁及 40 岁以上的人群则选择电视媒体作为获取本地信息的首要渠道。针对不同的年龄层我们可以采取不同的“电视媒体＋社会化媒体”的方式，如 20 岁以下人群可以选择“微信＋新闻 APP”的方式发布本地信息，20～29 岁、30～39 岁、40 岁以上人群选择“电视＋新闻 APP”的方式发布本地信息。

表 4-21 不同年龄用户在本地信息获取方式上的选择差异 %

渠道	年龄				合计
	20 岁以下	20～29 岁	30～39 岁	40 岁以上	
微博	2.4	11.0	5.0	1.1	7.1
微信	31.7	19.0	16.9	18.1	18.5
电视	9.8	27.6	32.2	38.5	30.3
广播	7.3	5.2	7.3	6.0	6.2
报纸	7.3	5.2	7.1	7.7	6.3
新闻 APP	24.4	21.7	23.6	22.5	22.6
QQ	4.9	3.0	2.1	1.1	2.4
抖音	12.2	7.3	5.8	5.0	6.6
合计	100.0	100.0	100.0	100.0	100.0

调查结果显示，年龄和国内信息的获取方式之间具有显著性差异。由表 4-22 可知，20 岁以下的人群选择新闻 APP 获取国内信息的比例最高，占比 26.8%，其次是微博；20 岁以下的人群用报纸获取国内信息的人数为 0；20～29 岁的人群则选择新闻 APP 作为获取本地信息的首要渠道，30～39 岁、40 岁以上的人群使用电视获取国内信息的比例最高，分别为 39.5%和 49.5%。因此，对 20 岁以下人群可以选择“微博＋新闻 APP”的方式，对 20～29 岁、30～39 岁、40 岁以上人群可以选

择“电视＋新闻 APP”的方式发布国内信息。

表 4-22 不同年龄用户在国内信息获取方式上的选择差异 %

渠道	年龄				合计
	20 岁以下	20～29 岁	30～39 岁	40 岁以上	
微博	24.4	21.1	8.6	3.3	13.9
微信	12.2	8.5	7.3	7.1	8.0
电视	21.9	25.6	39.5	49.5	34.1
广播	4.9	3.5	2.1	2.7	2.9
报纸	0	2.8	4.8	3.3	3.5
新闻 APP	26.8	27.1	29.4	31.9	28.7
QQ	4.9	2.4	3.5	1.1	2.7
抖音	4.9	9.0	4.8	1.1	6.2
合计	100.0	100.0	100.0	100.0	100.0

调查结果显示，年龄和国际信息的获取方式之间具有显著性差异。由表 4-23 可知，20 岁以下、20～29 岁、30～39 岁的人群选择新闻 APP 获取国际信息的比例最高，占比分别为 36.6%、35.5%、36.7%；40 岁以上的人群使用电视获取国际信息的比例最高，占比 42.9%。对 20 岁以下的人群可以选择“微博＋新闻 APP”的方式，对 20～29 岁、30～39 岁、40 岁以上群选择“电视＋新闻 APP”的方式发布国际信息。

表 4-23 不同年龄用户在国际信息获取方式上的选择差异 %

渠道	年龄				合计
	20 岁以下	20～29 岁	30～39 岁	40 岁以上	
微博	31.7	21.2	12.1	3.9	15.6
微信	4.9	5.9	5.0	4.4	5.3
电视	12.2	23.5	34.7	42.9	30.1
广播	4.9	3.0	2.7	3.3	3.0
报纸	4.9	1.7	2.5	3.8	2.4
新闻 APP	36.6	35.5	36.7	36.8	36.2
QQ	2.4	2.1	1.7	2.2	2.0
抖音	2.4	7.1	4.6	2.7	5.4
合计	100.0	100.0	100.0	100.0	100.0

调查结果显示，年龄和体育信息的获取方式之间具有显著性差异。由表 4-24 可知，20 岁以下人群选择微博获取体育信息的比例最高，占比为 26.8%；20～29 岁、40 岁以上人群选择电视获取体育信息的比例最高；30～39 岁人群选择新闻 APP 获取体育信息的比例最高。而 2013 年，不同年龄段的人都一致选择电视作为获取体育信息的渠道。社会化媒体的出现还是对电视媒体的受众产生了一定的分流，20～29 岁及 40 岁以上群体虽坚守电视媒体，但占比也呈下降趋势。对 20 岁以下的人群可以选择“微博＋新闻 APP”的方式，对 20～29 岁的人群可以选择“电视＋新闻 APP”的方式，对 30～39 岁、40 岁以上的人群可以选择“电视＋新闻 APP”的

方式发布体育信息。

表 4-24　不同年龄用户在体育信息获取方式上的选择差异　%

渠道	年龄				合计
	20 岁以下	20～29 岁	30～39 岁	40 岁以上	
微博	26.8	19.1	12.7	5.5	15.0
微信	2.5	8.3	6.7	7.7	7.4
电视	14.6	26.3	28.6	43.5	29.2
广播	2.4	5.9	8.1	1.1	6.0
报纸	9.8	2.1	3.1	3.8	3.0
新闻 APP	19.5	24.9	30.3	32.4	27.8
QQ	9.8	4.7	4.2	3.3	4.5
抖音	14.6	8.7	6.3	2.7	7.1
合计	100.0	100.0	100.0	100.0	100.0

调查结果显示，年龄和娱乐信息的获取方式之间具有显著性差异。由表 4-25 可知，20 岁以下、20～29 岁的人群选择微博获取娱乐信息的比例最高，占比为 58.6%和 46.8%；30～39 岁、40 岁以上的人群选择抖音获取娱乐信息的比例最高，分别为 36.7%和 33.5%。对 20 岁以下、20～29 岁、30～39 岁的人群可以选择“微博＋抖音”的方式，对 40 岁以上人群可以选择“抖音＋新闻 APP”的方式发布娱乐信息。

表 4-25　不同年龄用户在娱乐信息获取方式上的选择差异　%

渠道	年龄				合计
	20 岁以下	20～29 岁	30～39 岁	40 岁以上	
微博	58.6	46.8	21.5	8.8	32.3
微信	9.8	7.5	12.7	16.5	10.8
电视	2.4	3.3	5.7	12.1	5.4
广播	0	1.7	2.3	3.3	2.1
报纸	4.9	2.8	2.3	2.8	2.7
新闻 APP	2.4	7.7	15.5	20.3	12.2
QQ	7.3	4.5	3.3	2.7	3.9
抖音	14.6	25.7	36.7	33.5	30.6
合计	100.0	100.0	100.0	100.0	100.0

调查结果显示，年龄和时政信息的获取方式之间具有显著性差异。由表 4-26 可知，20 岁以下、20～29 岁的人群选择新闻 APP 获取时政信息的比例最高，占比分别为 31.7%和 33.4%；30～39 岁、40 岁以上的人群选择电视获取时政信息的比例最高，分别为 43.0%和 42.9%。对不同年龄段人群都可以选择“新闻 APP＋电视”的方式发布时政信息。

表 4-26 不同年龄用户在时政信息获取方式上的选择差异 %

渠道	年龄				合计
	20 岁以下	20～29 岁	30～39 岁	40 岁以上	
微博	22.0	11.4	7.3	2.7	9.0
微信	2.5	8.0	5.0	6.0	6.4
电视	24.4	31.8	43.0	42.9	37.4
广播	2.4	3.5	4.6	5.5	4.1
报纸	2.4	4.9	4.8	4.9	4.8
新闻 APP	31.7	33.4	29.2	35.2	32.0
QQ	7.3	2.8	3.4	2.2	3.1
抖音	7.3	4.2	2.7	0.6	3.2
合计	100.0	100.0	100.0	100.0	100.0

3）教育程度卡方检验与交叉分析

分析结果显示，教育程度与最近一周内微博、微信、QQ 的使用频率与国际信息、体育信息、娱乐信息、时政信息获取方式之间都具有显著性差异（表 4-27）。2013 年调查中，教育程度与最近一周内微信的使用频率及经济信息获取方式之间呈显著相关。

表 4-27 教育程度与各媒介使用频率、信息获取方式之间的显著性差异

调查项目	变量	卡方值	df	p 值
在最近一周里，请问您有几天使用过这些媒介	微博	76.52	28	0.000
	微信	69.42	28	0.000
	抖音	34.02	28	0.200
	QQ	42.80	28	0.036
	电视	24.31	28	0.665
请问这些信息内容，您主要通过哪一种方式获取	本地信息	31.68	28	0.288
	国内信息	38.18	28	0.095
	国际信息	54.43	28	0.002
	体育信息	66.97	28	0.000
	娱乐信息	88.59	28	0.000
	经济信息	36.66	28	0.126
	时政信息	41.94	16	0.044

将教育程度与微博、微信、QQ 的使用频率和国际信息、体育信息、娱乐信息、时政信息获取方式之间进行交叉分析，了解具体差异之处，结果如下。

分析结果显示，教育程度和微博的使用频率之间具有显著性差异。由表 4-28 可知，教育程度为初中及以下、高中及专科的人群在一周之内完全不使用微博的最多，分别占到 40.0%和 27.0%；大学本科、硕士研究生一周内 7 天使用微博的比例最高，分别为 28.8%和 39.8%。

表 4-28　不同教育程度用户使用微博的频率差异　%

一周之内使用天数	教育程度					合计
	初中及以下	高中及专科	大学本科	硕士研究生	博士研究生及以上	
0 天	40.0	27.0	16.9	14.8	11.1	18.9
1 天	26.6	15.8	9.6	6.5	—	10.6
2 天	—	11.2	8.3	9.3	—	8.8
3 天	6.7	13.7	10.6	8.3	22.2	11.1
4 天	6.7	7.9	7.3	3.7	11.1	7.1
5 天	13.3	7.0	12.2	10.2	33.4	11.2
6 天	—	2.9	6.3	7.4	—	5.6
7 天	6.7	14.5	28.8	39.8	22.2	26.7
合计	100.0	100.0	100.0	100.0	100.0	100.0

分析结果显示，教育程度和微信的使用频率之间具有显著性差异。由表 4-29 可知，不同教育程度人群一周内基本上都在使用微信，所有群体均是一周内使用 7 天的比例最高。最大的差异在于一周内使用 4 天微信的比例，博士研究生及以上一周内使用 4 天微信的比例为 22.2%，而其他群体分别为 6.7%、3.3%、1.5%、4.6%，差异较大。在 2013 年调查中，初中及以下教育程度人群使用微信频率较低。其他教育程度与 2013 年相比使用频率都成增长趋势，只有博士学历群体没有变化。

表 4-29　不同教育程度用户使用微信的频率差异　%

一周内使用天数	教育程度					合计
	初中及以下	高中及专科	大学本科	硕士研究生	博士研究生及以上	
0 天	—	2.1	0.8	—	—	0.9
1 天	—	1.2	0.8	1.9	—	0.9
2 天	13.3	—	1.0	—	—	0.9
3 天	—	0.4	1.1	—	—	0.9
4 天	6.7	3.3	1.5	4.6	22.2	2.3
5 天	6.7	2.1	2.9	0.9	11.1	2.7
6 天	6.7	2.9	4.5	3.7	—	4.2
7 天	66.6	88.0	87.4	88.9	66.7	87.2
合计	100.0	100.0	100.0	100.0	100.0	100.0

分析结果显示，教育程度和 QQ 的使用频率之间具有显著性差异。由表 4-30 可知，初中及以下人群一周内完全不使用 QQ 的比例最高，占 26.7%；其他人群一周 7 天均在使用 QQ 的比例最高，分别为 24.1%、29、5%、28、7%、22.3%。其中博士研究生及以上人群使用 1 天、4 天、7 天的频率相近。

表 4-30 不同教育程度用户使用 QQ 的频率差异 %

一周内使用天数	教育程度					合计
	初中及以下	高中及专科	大学本科	硕士研究生	博士研究生及以上	
0 天	26.7	19.9	11.9	18.5	—	14.0
1 天	13.3	9.5	9.3	8.3	22.2	9.4
2 天	13.3	15.7	10.0	4.6	—	10.6
3 天	13.3	10.8	9.9	11.1	11.1	10.2
4 天	6.7	7.5	10.8	9.3	22.2	10.1
5 天	6.7	10.4	11.9	13.0	11.1	11.6
6 天	—	2.1	6.7	6.5	11.1	5.8
7 天	20.0	24.1	29.5	28.7	22.3	28.3
合计	100.0	100.0	100.0	100.0	100.0	100.0

分析结果显示,教育程度和国际信息获取方式之间具有显著性差异。由表 4-31 可知,受教育程度为初中及以下、高中及专科人群获取国际信息的方式主要是电视,比例为 40.0%和 37.8%;大学本科、硕士研究生、博士研究生及以上人群获取国际信息的渠道主要是新闻 APP,比例分别为 37.3%、38.9%、22.3%。这说明教育程度的不同会导致接触媒体的方式不同,故而促使获取国际信息方式的差异比较明显,对不同教育程度的人群都可采用"电视+新闻 APP"的方式推送国际信息,但是对初中及以下、高中及专科教育程度的人群可更侧重电视推送,大学本科、硕士研究生侧重新闻 APP 推送。

表 4-31 不同教育程度用户在国际信息获取方式上的选择差异 %

渠道	教育程度					合计
	初中及以下	高中及专科	大学本科	硕士研究生	博士研究生及以上	
微博	13.3	10.0	16.7	20.4	11.1	15.6
微信	—	4.6	5.1	9.3	11.1	5.3
电视	40.0	37.8	28.8	23.1	22.2	30.1
广播	—	3.3	2.6	5.6	—	3.0
报纸	6.7	4.1	2.0	0.9	11.1	2.4
新闻 APP	20.0	32.4	37.3	38.9	22.3	36.2
QQ	13.3	1.6	2.0	—	11.1	2.0
抖音	6.7	6.2	5.5	1.8	11.1	5.4
合计	100.0	100.0	100.0	100.0	100.0	100.0

分析结果显示,教育程度和体育信息获取方式之间具有显著性差异。由表 4-32 可知,初中及以下、高中及专科、大学本科学历人群获取体育信息的方式主要是电视,比例为 33.3%、36.9%和 28.3%;硕士研究生获取体育信息主要是通过新闻

APP,博士及以上人群主要是通过 QQ。对初中及以下、高中及专科、大学本科教育程度的人群可以通过“电视＋新闻 APP”推送体育信息,而对硕士研究生可以通过“新闻 APP＋微博”,博士研究生及以上通过“QQ＋电视＋微信”推送体育信息。

表 4-32 不同教育程度用户在体育信息获取方式上的选择差异 %

渠道	教育程度					合计
	初中及以下	高中及专科	大学本科	硕士研究生	博士研究生及以上	
微博	6.7	7.5	16.2	24.1	—	15.0
微信	6.7	7.5	7.1	9.3	22.2	7.4
电视	33.3	36.9	28.3	19.4	22.2	29.2
广播	20.0	5.8	6.1	2.8	11.1	6.0
报纸	—	3.3	2.8	4.6	—	3.0
新闻 APP	33.3	28.6	27.5	28.7	11.1	27.8
QQ	—	1.7	4.8	6.5	33.4	4.5
抖音	—	8.7	7.2	4.6	—	7.1
合计	100.0	100.0	100.0	100.0	100.0	100.0

分析结果显示,教育程度和娱乐信息获取方式之间具有显著性差异。由表 4-33 可知,初中及以下、高中及专科人群获取娱乐信息的方式主要是抖音,比例为 26.7％和 39.8％;大学本科、硕士研究生、博士研究生及以上人群获取娱乐信息的渠道主要是微博。对初中及以下、高中及专科人群可通过抖音推送娱乐信息,对大学本科、硕士研究生、博士研究生及以上人群可通过微博推送娱乐信息。

表 4-33 不同教育程度用户在娱乐信息获取方式上的选择差异 %

渠道	教育程度					合计
	初中及以下	高中及专科	大学本科	硕士研究生	博士研究生及以上	
微博	6.7	22.0	34.6	38.9	33.4	32.3
微信	—	11.2	10.9	11.1	11.1	10.8
电视	26.6	10.0	4.0	2.8	22.2	5.4
广播	13.3	3.3	1.7	1.9	—	2.1
报纸	13.3	1.2	2.5	4.6	11.1	2.7
新闻 APP	6.7	10.4	12.6	14.8	—	12.2
QQ	6.7	2.1	4.4	2.8	11.1	3.9
抖音	26.7	39.8	29.3	23.1	11.1	30.6
合计	100.0	100.0	100.0	100.0	100.0	100.0

分析结果显示,教育程度和时政信息获取方式之间具有显著性差异。由表 4-34 可知,不同教育程度人群都选择电视作为获取时政信息的主要方式,比例分比为 26.7％、36.9％、38.1％、34.3％、33.4％;初中及以下人群选择新闻 APP 获取时

政信息的比例和选择电视的一样多，对不同教育程度人群都可以选择"电视＋新闻APP"的方式推送时政信息。

表 4-34 不同教育程度用户在时政信息获取方式上的选择差异 %

渠道	教育程度					合计
	初中及以下	高中及专科	大学本科	硕士研究生	博士研究生及以上	
微博	—	5.8	9.8	11.1	—	9.0
微信	6.7	5.0	6.4	10.2	—	6.4
电视	26.7	36.9	38.1	34.3	33.4	37.3
广播	13.3	6.6	3.0	6.5	11.1	4.2
报纸	13.3	6.2	4.6	0.9	11.1	4.8
新闻 APP	26.7	32.8	32.1	31.5	22.2	32.0
QQ	13.3	2.6	2.9	3.7	11.1	3.1
抖音	—	4.1	3.1	1.8	11.1	3.2
合计	100.0	100.0	100.0	100.0	100.0	100.0

4）收入卡方检验与交叉分析

分析结果显示，收入与微博、微信、抖音、QQ、电视使用频率和本地信息、国内信息、娱乐信息、时政信息获取方式之间都具有显著性差异（表 4-35）。2013 年调查显示，收入与微博、微信使用频率和本地信息、娱乐信息获取方式之间显著相关。

表 4-35 收入与各媒介使用频率、信息获取方式之间的显著性差异

	变量	卡方值	df	p 值
在最近一周里，请问您有几天使用过这些媒介	微博	58.62	28	0.001
	微信	45.57	28	0.019
	抖音	78.47	28	0.000
	QQ	175.73	28	0.000
	电视	160.03	28	0.000
请问这些信息内容，您主要通过哪一种方式获取	本地信息	59.85	16	0.000
	国内信息	62.05	16	0.000
	国际信息	41.28	16	0.051
	体育信息	36.45	16	0.131
	娱乐信息	95.94	16	0.000
	经济信息	40.85	16	0.055
	时政信息	56.71	16	0.001

对收入与微博、微信、抖音、QQ、电视使用频率和本地信息、国内信息、娱乐信息、时政信息获取方式之间进行交叉分析，了解具体差异之处，结果如下。

分析结果显示，月收入和微博的使用频率之间具有显著性差异。由表 4-36 可知，不同收入人群通过微博获取信息的天数基本一致，但是比例却有很大的不同，月收入 1000～2999 元、3000～4999 元、7000～8999 元和 9000 元以上的人群中一周内 7 天使用微博的比例最多，分别占 36.3%、24.3%、25.5%、31.8%，而月收入为 5000～6999 元的人群一周内使用 0 天的比例最高，占 21.4%，月收入居中的人群使用微博相对不那么频繁。2013 年调查显示，不同收入人群一周 7 天使用微博的占比均最高。

表 4-36　不同收入水平用户使用微博的频率差异　%

一周之内使用天数	月平均收入					合计
	1000～2999 元	3000～4999 元	5000～6999 元	7000～8999 元	9000 元及以上	
0 天	19.5	21.3	21.4	17.5	15.2	18.9
1 天	8.8	13.6	12.8	8.0	10.1	10.6
2 天	7.0	10.7	10.5	7.6	7.9	8.8
3 天	11.2	8.7	12.8	10.8	10.8	11.0
4 天	3.7	7.8	8.3	11.3	4.0	7.1
5 天	7.9	8.3	10.5	12.4	15.5	11.3
6 天	5.6	5.3	5.6	6.9	4.7	5.6
7 天	36.3	24.3	18.1	25.5	31.8	26.7
合计	100.0	100.0	100.0	100.0	100.0	100.0

分析结果显示，月收入和微信的使用频率之间具有显著性差异。由表 4-37 可知，不同收入人群通过微信获取信息的天数都达到了 7 天，比例均在 80%以上，2013 年调查显示，不同收入人群一周 7 天使用微信的占比均最高，超过 50%。可见微信一直都是一种生活中必不可少的媒介工具，微信支付、小程序等多元化功能也是增加用户黏度的助推器。

表 4-37　不同收入水平用户使用微信的频率差异　%

一周之内使用天数	月平均收入					合计
	1000～2999 元	3000～4999 元	5000～6999 元	7000～8999 元	9000 元及以上	
0 天	0.9	2.4	1.3	0.4	—	0.9
1 天	0.5	1.0	1.3	1.5	0.4	0.9
2 天	0.5	1.9	0.7	1.5	—	0.9
3 天	0.5	2.4	0.7	0.7	0.4	0.9
4 天	2.2	3.4	1.6	2.5	2.2	2.3
5 天	3.3	1.9	3.3	3.3	1.4	2.7
6 天	—	4.9	5.9	5.4	3.6	4.2
7 天	92.1	82.1	85.2	84.7	92.0	87.2
合计	100.0	100.0	100.0	100.0	100.0	100.0

分析结果显示，月收入和电视的使用频率之间具有显著性差异。由表 4-38 可知，月收入为 1000～2999 元的人群一周内 0 天使用电视的比例最高，占 49.3%；月收入为 3000～4999 元的人群一周内 2 天使用电视的比例最高，占 20.9%；月收

入 5000～6999 元、7000～8999 元、9000 元以上的人群使用电视的比例更高，一周内 7 天使用电视的比例分别为 17.7%、13.8%、20.9%，说明高收入人群使用电视更加频繁。

表 4-38 不同收入水平用户使用电视的频率差异 %

一周之内使用天数	月平均收入					合计
	1000～2999 元	3000～4999 元	5000～6999 元	7000～8999 元	9000 元及以上	
0 天	49.3	19.9	15.8	13.1	14.8	21.3
1 天	9.3	9.7	6.2	8.4	9.0	8.4
2 天	13.0	20.9	13.2	16.0	13.4	15.1
3 天	7.0	12.2	13.2	12.4	9.8	11.0
4 天	5.6	8.7	12.2	11.3	9.7	9.8
5 天	6.1	8.7	14.1	17.4	13.7	12.5
6 天	2.3	5.3	7.6	7.6	8.7	6.6
7 天	7.4	14.6	17.7	13.8	20.9	15.3
合计	100.0	100.0	100.0	100.0	100.0	100.0

分析结果显示，月收入和 QQ 的使用频率之间具有显著性差异。由表 4-39 可知，不同收入人群通过 QQ 获取信息的天数基本一致，但是比例却有很大的不同，月收入为 1000～2999 元的人群一周内 7 天使用 QQ 的比例最高，占 60.0%，其他收入人群一周内 7 天使用 QQ 的频率相对低很多，分别为 27.7%、19.4%、22.2%、19.9%，这说明低收入人群使用 QQ 更加频繁。

表 4-39 不同收入水平用户使用 QQ 的频率差异 %

一周之内使用天数	月平均收入					合计
	1000～2999 元	3000～4999 元	5000～6999 元	7000～8999 元	9000 元及以上	
0 天	5.1	16.0	16.1	13.1	18.0	14.0
1 天	2.8	9.2	12.2	8.4	12.6	9.4
2 天	8.8	7.3	17.1	10.9	6.9	10.6
3 天	6.0	7.8	11.2	13.8	10.5	10.2
4 天	4.7	10.7	9.2	12.0	13.0	10.1
5 天	8.4	16.0	10.2	12.0	12.3	11.7
6 天	4.2	5.3	4.6	7.6	6.9	5.8
7 天	60.0	27.7	19.4	22.2	19.9	28.2
合计	100.0	100.0	100.0	100.0	100.0	100.0

分析结果显示，月收入和抖音的使用频率之间具有显著性差异。由表 4-40 可知，不同收入人群通过抖音获取信息的天数基本一致，但是比例却有很大的不同，所有人群均是一周内使用 7 天抖音的比例最高，但是在一周内使用 0 天的比例上，收入为 1000～2999 元的人群高很多，占 25.6%，说明高收入人群使用抖音更加频繁。

表 4-40　不同收入水平用户使用抖音的频率差异　　%

一周之内使用天数	月平均收入					合计
	1000～2999 元	3000～4999 元	5000～6999 元	7000～8999 元	9000 元及以上	
0 天	25.6	12.6	8.2	5.5	11.9	12.0
1 天	1.9	4.9	7.2	2.9	6.2	4.8
2 天	6.5	3.9	3.6	5.8	4.3	4.8
3 天	6.5	6.8	5.6	7.3	7.2	6.6
4 天	9.8	10.2	10.5	10.9	7.9	9.9
5 天	9.3	12.1	10.9	10.2	10.5	10.6
6 天	5.6	9.7	9.9	15.6	10.5	10.5
7 天	34.9	39.8	44.1	41.8	41.5	40.8
合计	100.0	100.0	100.0	100.0	100.0	100.0

分析结果显示，月收入和本地信息获取方式之间具有显著性差异。由表 4-41 可知，不同收入人群都选择电视媒体作为获取本地信息的首要渠道，与 2013 年的情况较为一致，2013 年选择电视作为获取本地信息渠道的占比超过 40%。但还是有所区别。月收入 1000～2999 元、3000～4999 元、5000～6999 元、7000～8999 元、9000 元及以上的人群选择电视作为获取本地信息渠道的比例分别为：23.7%、29.6%、31.2%、30.9%，34.3%。值得注意的是，除了电视媒体之外，所有收入人群都一致地选择新闻 APP 接收本地信息。

表 4-41　不同收入水平用户在本地信息获取方式上的选择差异　　%

渠道	月平均收入					合计
	1000～2999 元	3000～4999 元	5000～6999 元	7000～8999 元	9000 元及以上	
微博	11.6	5.4	6.3	4.0	8.7	7.1
微信	22.8	16.0	20.1	18.5	15.1	18.5
电视	23.7	29.6	31.2	30.9	34.3	30.3
广播	2.3	8.3	7.2	6.2	6.5	6.2
报纸	3.7	8.7	6.6	5.5	7.2	6.3
新闻 APP	22.3	19.4	22.4	26.2	22.0	22.6
QQ	4.7	1.9	1.6	4.0	0.4	2.4
抖音	8.9	10.7	4.6	4.7	5.8	6.6
合计	100.0	100.0	100.0	100.0	100.0	100.0

分析结果显示，月收入和国内信息获取方式之间具有显著性差异。由表 4-42 可知，月收入为 1000～2999 元、7000～8999 元的人群选择新闻 APP 作为接收国内信息的首要方式，占比分别为 27.0%和 34.5%；其他人群则选择电视作为首要方式，占比分别为 33.5%、42.7%、35.0%。

表 4-42 不同收入水平用户在国内信息获取方式上的选择差异 %

一周之内使用天数	月平均收入					合计
	1000～2999 元	3000～4999 元	5000～6999 元	7000～8999 元	9000 元及以上	
微博	22.3	15.5	11.5	12.4	10.5	13.9
微信	7.9	7.8	6.6	6.9	10.8	8.0
电视	25.1	33.5	42.7	30.9	35.0	34.1
广播	2.8	4.9	3.0	1.8	2.5	2.9
报纸	3.3	0.5	4.6	5.5	2.9	3.5
新闻 APP	27.0	26.2	23.7	34.5	31.4	28.7
QQ	3.7	2.4	3.3	2.9	1.5	2.7
抖音	7.9	9.2	4.6	5.1	5.4	6.2
合计	100.0	100.0	100.0	100.0	100.0	100.0

分析结果显示，月收入和娱乐信息获取方式之间具有显著性差异。由表 4-43 可知，月收入为 1000～2999 元的人群选择微博作为接收娱乐信息的首要方式，其他人群选择抖音作为获取娱乐信息的首要方式，占比分别为 37.9%、31.9%、31.3%、30.7%，说明高收入人群更倾向于使用抖音。2013 年在娱乐信息的获取上不同收入人群多选择微博，但是低收入人群占比较高。

表 4-43 不同收入水平用户在娱乐信息获取方式上的选择差异 %

一周之内使用天数	月平均收入					合计
	1000～2999 元	3000～4999 元	5000～6999 元	7000～8999 元	9000 元及以上	
微博	55.8	28.7	23.7	27.7	30.7	32.3
微信	4.7	9.2	11.9	13.1	13.4	10.8
电视	3.7	5.8	5.6	6.5	5.1	5.4
广播	—	3.4	2.6	2.9	1.4	2.1
报纸	0.9	3.4	3.6	2.2	2.9	2.7
新闻 APP	7.9	9.2	16.4	12.7	12.6	12.2
QQ	6.1	2.4	4.3	3.6	3.2	3.9
抖音	20.9	37.9	31.9	31.3	30.7	30.6
合计	100.0	100.0	100.0	100.0	100.0	100.0

分析结果显示，月收入和时政信息获取方式之间具有显著性差异。由表 4-44 可知，月收入为 1000～2999 元、9000 元以上的人群选择新闻 APP 作为接收时政信息的首要方式，其他人群选择电视作为获取时政信息的首要方式，占比分别为 41.3%、44.1%、36.7%。月收入 1000～2999 元的人群选择微博的比例较其他几个人群的比例高出很多。

表 4-44　不同收入水平用户在时政信息获取方式上的选择差异　%

一周之内使用天数	月平均收入					合计
	1000～2999 元	3000～4999 元	5000～6999 元	7000～8999 元	9000 元及以上	
微博	16.8	6.8	5.3	8.7	9.0	9.0
微信	7.0	6.8	5.9	5.5	7.2	6.4
电视	27.9	41.3	44.1	36.7	35.0	37.3
广播	0.9	5.3	4.6	4.7	4.7	4.2
报纸	3.7	7.3	3.6	5.5	4.3	4.8
新闻 APP	34.9	28.6	31.2	29.8	35.4	32.0
QQ	3.7	2.4	2.3	5.1	1.8	3.1
抖音	5.1	1.5	3.0	4.0	2.6	3.2
合计	100.0	100.0	100.0	100.0	100.0	100.0

3. 相关分析

微信和抖音的使用频率越高的人群，越相信电视媒体的内容，从表 4-45 数据可以看出微信和抖音在与电视可信度的卡方检验中，p 值分别为 0.000 和 0.005，p 值都小于 0.05，所以两者之间显著相关。也就是说，微信和抖音的使用频率越高的人群，越相信电视媒体的报道。这也说明，电视媒体与微信和抖音之间是相互促进关系，电视媒体选择社会化媒体合作伙伴时可以多关注微信和抖音。2013 年调查显示，微博和 QQ 的使用频率越高的人群，越相信电视媒体报道。

表 4-45　各媒介使用频率与电视可信度的相关性

	电视可信度		
微博使用频率	Pearson 卡方	值	−0.028
		Sig.	0.314
微信使用频率	Pearson 卡方	值.	0.215
		Sig.	0.000
抖音使用频率	Pearson 卡方	值	0.079
		Sig.	0.005
QQ 使用频率	Pearson 卡方	值 −0.011	
		Sig.	0.698

微博、抖音、QQ 使用时长和电视媒体可信度之间没有显著相关，从表 4-46 数据可以看出微博、抖音、QQ 使用时长与电视可信度的卡方检验中，p 值都大于 0.05，所以我们认为两者之间没有相关性。也就是说，微博、抖音、QQ 使用时间长短对电视媒体的可信度不构成影响。微信使用时长与电视媒体可信度之间具有显著关系，微信使用时间越长的人群，越信任电视媒体的内容。2013 年调查显示，社会化媒体使用时长与电视媒体可信度之间没有显著关系。

表 4-46 各媒介使用时长与电视可信度的相关性

	电视可信度		
微博使用频率	Pearson 卡方	值	0.004
		Sig.	0.951
微信使用频率	Pearson 卡方	值	15.720
		Sig.	0.000
抖音使用频率	Pearson 卡方	值	1.568
		Sig.	0.210
QQ 使用频率	Pearson 卡方	值	0.443
		Sig.	0.506

微博的使用频率与电视媒体报道的国内信息、国际信息、体育信息、经济信息、时政信息的内容显著相关；微信使用频率与电视媒体报道的本地信息、国内信息、国际信息、体育信息、娱乐信息、经济信息、时政信息的内容显著相关；抖音使用频率与电视媒体报道的娱乐信息、经济信息内容显著相关；QQ 使用频率与电视媒体报道的本地信息、国内信息、国际信息、体育信息、经济信息的内容显著相关。也就是说微博使用频率越高的人群，越愿意通过电视媒体获取国内、国际信息（表 4-47）。这也说明，当电视媒体在报道有关内容时，可以多关注频繁使用微博的用户；电视栏目或频道在选择与用户进行国内、国际信息的互动时，可以多选用微博接收反馈。而 2013 年只有微博使用频率与电视媒体体育信息之间有显著关系。

表 4-47 各媒介使用频率与不同电视报道内容的相关性

	微博使用频率	微信使用频率	抖音使用频率	QQ 使用频率
电视媒体本地信息	0.074	0.001	0.966	0.007
电视媒体国内信息	0.000	0.049	0.647	0.010
电视媒体国际信息	0.000	0.004	0.175	0.020
电视媒体体育信息	0.000	0.005	0.575	0.015
电视媒体娱乐信息	0.240	0.018	0.046	0.266
电视媒体经济信息	0.000	0.242	0.019	0.022
电视媒体时政信息	0.000	0.000	0.075	0.051

微博的使用时长与电视媒体报道的国内信息、国际信息、体育信息、经济信息、时政信息显著相关；微信的使用时长与电视媒体报道的本地信息显著相关；抖音的使用时长与电视媒体报道的国内信息、国际信息和时政信息显著相关；QQ 的使用时长与电视媒体报道的国际信息、体育信息、经济信息显著相关。也就是说，微博使用时间越长的人群，越愿意通过电视媒体获取国内信息、国际信息、体育信息、经济信息、时政信息；微信的使用时间越长的人群，越愿意通过电视媒体获取国内信息、国际信息和时政信息；QQ 使用时间越长的人群，越愿意通过电视媒体获取国际信息、体育信息、经济信息（表 4-48）。与 2013 年相比，电视媒体国内信息与微

博使用频率一直显著，微信使用频率主要和时政信息之间有显著关系。变化最大的是 QQ 的使用频率，在 2013 年显著信息类型与 2021 年截然相反。

表 4-48 各媒介使用时长与不同电视报道内容的相关性

	微博使用频率	微信使用频率	抖音使用频率	QQ 使用频率
电视媒体本地信息	0.709	0.021	0.015	0.124
电视媒体国内信息	0.000	0.947	0.047	0.057
电视媒体国际信息	0.000	0.077	0.074	0.001
电视媒体体育信息	0.017	0.893	0.804	0.006
电视媒体娱乐信息	0.136	0.307	0.091	0.740
电视媒体经济信息	0.000	0.304	0.598	0.000
电视媒体时政信息	0.017	0.398	0.007	0.173

这也说明，当电视媒体在报道有关国内信息、国际信息、体育信息、经济信息、时政信息的内容时，可以多关注一些微博、微信和 QQ 的长期用户；电视栏目或频道在选择与用户进行国内信息、国际信息、体育信息、经济信息、时政信息的互动时，可以多选用微博、微信和 QQ 接收反馈。当报道本地信息时，可以关注微信和抖音的用户，电视栏目或频道在选择与用户进行本地信息的互动时，可以多选用抖音和微信接收反馈。

4.3.6 研究结果与讨论

通过对之前 1277 份有效样本的统计分析，我们可以得出以下结论。

社会化媒体已经在各年龄段、各收入人群、不同教育程度的人群里得到了普及，绝大部分人在观看电视节目的同时会有用社会化媒体去搜索观看节目的相关信息及与社会化媒体上的朋友讨论的伴随行为发生。下面我们具体地分类阐述研究结果。

（1）在人口特征方面，我们得出：微博、抖音、QQ、电视的用户年龄存在显著差异，研究中可知，20～29 岁是微博的主要用户群体，30～39 岁、40 岁以上的人群更愿意选择抖音接收信息。这也说明了针对 30～39 岁、40 岁以上的社会化媒体用户可以选用抖音推送信息。相较其他年龄段，40 岁以上的社会化媒体用户也是选择电视接收信息最多的人群，针对这个年龄段的人群，电视与抖音是推送信息的最佳组合；受教育程度越高使用微博越频繁，受教育程度越低使用微博越少。在微博经历了从精英化向大众化普及之后，又重新成为意见领袖的主要舆论阵地，很多社会热点事件都是通过微博不断地发酵扩散，在网友的专业建议、推动、监督下，最终水落石出，社会化媒体用户的媒介素养持续提升；不同收入水平的人群都愿意用微信获取信息，但收入较高的人群在选择电视接收信息方面更加积极，收入较低的人群在选择 QQ 接收信息方面更加积极，收入较高的人群较认可电视的公信力，而低收入人群中有很多青少年，这一部分人是 QQ 的忠实用户，QQ 秀、QQ 游戏等更被年轻人看重。

（2）在选择接收内容方面，男性和女性在本地信息、国内信息方面更愿意选择电视媒体接收信息，在国际信息、体育信息方面更愿意选择新闻 APP 接收信息，男女性别的主要差异表现在接收娱乐信息方面，男性更偏向选用抖音，女性更偏向选用微博；从年龄划分上看，电视媒体仍然是各年龄段获取信息的重要渠道，特别是在时政信息方面，各年龄段一致选择电视媒体作为最主要的信息接收渠道，40 岁以上的人群对电视媒体更忠诚，20 岁以下的人群基本上选择各类社会化媒体接收信息，在娱乐信息的接收方面各年龄段都选择了社会化媒体作为接收渠道，30 岁以上的人群选择最多的为抖音；从学历划分方面，不同教育程度的人群一致选择电视作为接收时政信息的渠道，受教育程度低的人群对电视的依赖较高，受教育程度越高对媒体的选择越多元化；从收入划分方面看，不同收入人群都愿意选择电视媒体接收本地信息，收入较低的人群在国内信息和时政信息方面，更愿意选择新闻 APP 接收信息，收入较高的人群更愿意选择电视接收信息。对于娱乐信息，收入较低和较高的人群都更愿意选择微博接收信息。

(3) 在社会化媒体与电视媒体的可信度方面。微信和抖音的使用频率越高的人群，越相信电视媒体的报道；微信使用时长越长的人群，越信任电视媒体的内容。社会化媒体的出现并没有对电视媒体的公信力构成威胁，人们还是更愿意选择相信电视媒体发布的信息内容。微博使用频率越高、时间越长的人群，越愿意通过电视媒体获取宏观环境的信息，如国内外、体育、经济信息等；微信使用频率越高、时间越长的人群，越愿意通过电视媒体获取本地、娱乐等更加贴近生活的信息；抖音使用频率越高的人群，越愿意通过电视媒体获取娱乐信息，抖音使用时间越长的人群，越愿意通过电视媒体获取本地信息；QQ 使用频率越高的人群，越愿意通过电视媒体获取本地信息，QQ 使用时间越长的人群，越愿意通过电视媒体获取体育、经济信息。这说明，电视媒体在报道本地信息时，可更多地与微信、QQ、抖音合作；在报道国内外信息时，可以多关注频繁使用微博的用户；在报道娱乐信息时，可以多选用抖音接收反馈。

4.4 社会化媒体背景下电视媒体组织机构和产业转型的切入点

随着数字化媒体的提出和应用，当前电视媒体行业的发展在媒介融合潮流冲击下已经不可避免地出现了组织结构和产业转型上的变化与挑战。新兴媒体网络、手机 TV 等不断挑战着传统电视媒体的行业地位和市场占有率，消费者的消费心理、消费水平与消费需求也相应地越来越挑剔，不断发生新的变化。面对这种偏转，电视媒体行业如何在媒介融合潮流下更好地实现应对，把握发展机遇，将挑战转化为转机就成为当前电视媒体行业的重要研究课题。[①] 下面我们对媒介融合潮流下电视媒体行业的组织结构与产业转型变化进行讨论，并结合访谈情况对媒介

① 梁岩. 从技术、管制与受众角度看媒介融合的发展趋势[J]. 新闻与写作，2009(11)：40-42.

融合下组织结构和产业转型的情况进行分析。

未来不同媒介之间的边界和运行模式将会逐渐融合,转而以多功能一体化的多元发展趋势出现。到今天,现代媒体的发展已经如普尔教授所说,不同媒体之间的边界和运行模式界限越来越模糊,媒介融合已经成为极显著的发展潮流。尤其是在网络计算机技术得到广泛应用的今天,新旧媒体的融合发展成为影响现代媒体行业发展的重要课题,在传统媒体领域中占据重要地位的电视媒体也是如此。在 2009 年我国推出了专门针对网络卫视平台的中国网络电视台,其在 2009 年 12 月 28 日的正式开播意味着传统电视媒体与新兴网络媒体的联合,这表明传统电视媒体行业已经逐渐顺应媒介融合趋势,开始了重大转型,不仅是从之前的平台上进行转移或改变,而是在战略发展层面上的全面融合与移植。①

在中国网络电视台上线后不久,由新华社主办的中国新华新闻电视网也在首都北京举行了开播仪式,在国内各大网络平台正式上线。截至 2010 年,中国新华新闻电视网逐步推出了针对亚太市场和欧洲地区的上线计划。以此为开端,新型媒体与传统媒体的媒介融合趋势逐渐扩大,我国多个省市地区都展开了以电视媒体为主的传统媒体与网络新媒介的融合推展工作,比如上海地区先后成立了 4 家新兴媒体公司百视通、东方龙、东方宽频、文广互动负责运行数字电视、宽频门户网站、移动多媒体和 IPTV 业务,成为我国首个率先建立新媒介融合产业格局的省市地区;凤凰卫视也通过改组融合成立了凤凰新媒体,并且与大陆地区中国移动开展主要针对大陆用户的媒体服务;②2011 年浙江卫视等电视台获得国家广电总局批准的网络广播电视上线开播权。传统电视媒体在这种发展趋势的浪潮冲击下开始了从组织结构到产业发展的转型与重组,开始朝着数字化的方向积极发展。媒介融合下组织结构与产业变化主要以三种方式切入,分别是媒介组织结构融合、传媒信息源结构重组、受众数字化需求,这种转变归根结底就是媒介融合背景下所带来的资源重新配置、重组与转型。③ 下面我们将从这三个角度对媒介融合下电视媒体组织结构、产业的变化进行探究分析。

4.4.1　媒介组织结构融合

媒介融合背景下组织结构的融合是指从组织所有权、内部结构乃至经营管理的各个方面实现融合变化,这种融合的目的是通过改变组织结构架构模式,将有限的资源以一种更加高效的方式提升应用效益,是以追求资源应用效益最大化为目的

---

① 王清颖.媒体新闻报道融合创新的成功尝试,从新华网等十家网站联合直播南方雪灾说起[J].中国编辑,2008(3):58-62.

② 杜骏飞.政治、社会与新型网络应用:2008 年中国网络传播研究的关键主题[J].中国地质大学学报(社会科学版),2009,9(4):91-97.

③ 周宏刚,郭学文.媒介融合趋势下网络传播的信息整合作用:以新浪网“四川地震专题”为例[J].青年记者,2008(21):53-54.

的融合趋势，无论是电视媒体、报纸杂志还是广播、网络等都将在这个新资源模式架构下将自身的优势发挥到极致，原本的弊端也将会被缩减。关于这种在组织结构方面融合的发展趋势，不少研究者表示，结构性融合在解决了当前众多媒体运行所有权的基础上进行，可以说是一种新的探索模式，组织结构所有权的变化会带来巨大变革，从内容生产、发布乃至经营等各个环节实现一种新模式下的高效运行，从前占据主导地位的管理阶层将会受到冲击，迫使其以一种更加健康、良性的方式进行运作。

长期以来由于各种原因，我国媒体领域跨媒介行为并不是特别普遍，尝试方面也有许多限制，虽然有着众多广播电视集团，但是由于历史原因，各集团在运作方面独立性非常强，像这种媒介融合带来的组织结构融合与改革的情况比较少。当前我国媒体的结构融合主要以这种方式为主，即各地广电集团旗下拥有电视、广播、影视制作中心以及相关运作网站等部门，不同媒体部门之间在同一个管理单位下实现资源的共享、开发与整合，但是这种融合方式与国外的高度融合模式相比还是具有一定的差距。结合我国媒体领域实际情况来看，媒介融合趋势下组织结构的高度融合和改革对我国媒体来说还是有一定的难度与挑战。当下国内整个组织结构的变革与运作以多媒体联合模式为主，尤其是在信息资源的应用和开发领域，各个环节部门各司其职，实现联合行动，在资源共享的前提下不断降低运作成本。据英国《自然》(*Nature*)杂志报道，目前很多国家都在积极研发一种电子纸，这种电子纸身兼电视、手机、计算机与报纸等多种功能于一身，是一个强大的信息终端，它运用无线传输技术成为未来人们生活中不可缺少的一个重要帮手，从而将媒介融合趋势下多媒体运作的联盟演变为一种新的更加操作独立、规程完整、有完善操作规范的信息生产模式，对于我们来说，未来媒介融合的最终发展趋势想必就是如此。① 那么针对媒介融合下传统电视媒体发展面临的挑战，我们如何在组织结构和产业方面进行应对，抓住发展机遇从而提升自身在传媒市场上的竞争力呢？

【访谈内容】提问：媒介融合下传统电视媒体的发展必然遭遇挑战，在组织结构和产业方面应当如何应对才能更好地顺应发展潮流、抓住发展机遇，从而提升自身在传媒市场上的竞争力呢？

整理后回答要点：媒介融合趋势下传统电视媒体产业的发展面对着众多机遇与挑战，无论是组织结构上的变化还是产业上的转型都需要传统媒体明确自身定位、了解新媒介力量和融合发展趋势，在做好全面规划与准备的情况下迎接竞争与挑战，无论是在国内市场还是在国外市场都能打造出独属于自己的优秀品牌，通过品牌文化战略来提升市场占有率，实现资源高效配置下的利益最大化，借助新媒体的发展潮流重新焕发传统媒体的生机与活力，通过创新策略和手段的应用拓展自己的发展空间，赢得更多的受众用户群。②

---

① 蔡雯. 试论“融合新闻”的特点与运作[J]. 新闻战线，2007(1)：55-57.

② 笔者访谈：2013 年 12 月 27 日，地点：北京市海淀区梅地亚中心。

通过对业界管理层从业人员的访谈，我们得知，媒介组织结构融合对媒体跨平台运作能力提出了更高的要求。媒介融合使跨媒介综合传播平台的开发与应用迎来一个发展高峰期，在这个潮流下，传统电视媒体需要通过整合自身的信息资源、资本实力、品牌资源等与新媒体进行合作，拓展资源应用空间和信息传播领域，通过这种跨领域、跨媒介的合作延伸互相之间的影响力，在打造综合性传播平台的过程中，不断提升自己跨平台的运作能力，以进一步加强传统电视媒体在传播覆盖率方面的影响，吸引更多的受众群，借鉴新媒体运作经验和优势，不断为自己的发展注入新战略活力。这种综合性传播平台的打造从2007年就已经开始在我国电视广播领域尝试运作。2007年6月以国家广电总局科学研究院牵头的众多企业（莆田信息技术研究院有限公司、海尔集团、北京数码视讯科技有限公司等）和学校（清华大学、上海交通大学等）进行优势联合，通过共同运作打造了“数字电视产业联盟”，以跨区域联合的方式提升我国媒体行业的制造和创新水平，促使传统电视媒体行业的发展走上新道路。

在国外也有相同的案例，如美国的坦帕新闻中心就是这种媒介融合运作模式下组织结构变革与融合的典型范例，这个新闻中心由原本美国的TBO新闻网、《坦帕论坛报》和原坦帕电视媒体共同组成，组织结构所属权属于改组后的Media General公司。在共同的管理模式下，多个部门于同一栋大楼里进行着各自独立的运作，办公机制和运作模式互不影响，但是却仍然拥有高效的资源共享模式。公司在内部设立突发新闻指挥台，一旦出现特殊情况立即实施运作，通过指挥台将新闻信息同时传递给三家媒体并行制作，最大限度地利用手上的媒体资源对信息进行高效利用，在这个过程中由专业工作人员进行协调指挥，统一调配的管理方式使信息资源共享、生产成本降低的效果十分显著。

跨平台的交流与运作也意味着电视媒体和新媒介需要在市场上进行重新试水，所以运用资本市场的力量完善电视媒体的管理结构也势在必行，对于提升自身竞争实力和壮大产业规模无疑有着积极的影响。在市场经济形势下，电视媒体和新媒体的资本运作必然要迎来巨大机遇和挑战，这既可以是它们实现产业升级的大好机会，同时也是面临市场筛选与淘汰的必要关卡，如果在市场竞争的冲击下无法做到屹立不倒，那么未来的发展道路必然也不会一帆风顺，所以对于媒介融合潮流下的各个参与主体都是严峻的考验。电视媒体产业自身的资本运作，可通过将自身的经营性资产作为资金进行重组、流动、交易、转让、租赁或者参股等多种操作形式，在优化自身资源配置的条件下扩大自身规模，在资本市场的考验下不断提升管理水平、优化运营情况，实现经营目标的最大增值。以实施制播分离的欧美市场为例，其通过改制，生产内容接受资本市场的冲击考验，使电视产业的生态环境得到优化，自身竞争力也得到提升。对于我国管理体制较严格的电视媒体行业，无论是技术创新还是技术开发应用都是其强化自身竞争实力的必然道路。市场机制的引入，对于媒介产业跨平台运作来说无疑有着强劲的推动作用，这也是传统媒体改革自身弊端的良性催化剂，对其最终实现优质的跨平台合作有着积极的作用。

4.4.2 传媒信息源结构重组

在传统媒体独掌话语权的时期，媒体信息的来源较单一。而社会化媒体的出现扩大了信息的来源和传播渠道，不过从最终效果上来看，它们对于传统媒体生态领域的冲击力还主要局限在一定范围内，传统媒体生存和发展模式的根基并未受到撼动。但是现如今以新媒体为代表的网络计算机和信息技术支撑下的网络文化力量强势崛起，从 BBS 论坛、手机移动终端、博客、MSN 乃至现如今的社会化媒体，传媒信息源结构遭遇了洗牌式的革新和重组，这些新媒介所代表的舆论和网络力量使越来越多的公民以一种强势的态度参与到传媒信息的发布与传播中，先不讨论这种发展趋势带来的积极影响和消极影响，单单是这种话语权的多元化、平民化的增强，对于传媒领域的变革和发展来说，就是一种强势冲击。越来越多的人参与到信息的传播中，他们不再是事不关己的围观者，而是开始成为各种新闻事件和消息的推动者，成为传媒市场中一股强势的决定性力量。①

这种力量的崛起使传统媒体的焦点开始不断向弱势群体以及草根阶层倾斜，普通民众在越来越多的事件中展现出自身力量的强势和巨大影响力，比如 2008 年的汶川地震，以搜狐、新浪等网络媒体为代表的新媒体运用自身能量和便利给众多网友提供了实时了解和跟踪现场新闻信息的可能性。在微博等社会化媒体的推动下，海量信息潮中关注汶川地震并积极向灾区奉献爱心的人士呈几何数量级增长，成为了支持、支援抗震救灾的主要交流平台。在事后对汶川地震事件进行梳理和研究中发现，新媒体在地震发生期间在信息传播、现场救险等方面发挥了十分重要的作用，正是以微博平台为基础的良好互动才使众多受灾群众确定了自己家人的人身安全，并且将救灾现场的状况实时上传微博，引发众多社会救援力量的回应和支持，为抗震救灾贡献正能量，可以说，正是这种强大的互动能量使新媒体超越传统媒体，有了不一样的表现，弥补了电视媒体能量发挥的空白区域，所以媒介融合对于传统电视媒体来说有着极重要的变革作用，我们所要做的就是顺应这种融合潮流，将这种正能量更好地加以发挥。②

近几年的诸多重大事件都在社会化媒体的影响推动下形成了多媒体(电视、报纸、网络、手机等)互动的报道方式。报道以网络为中心，进一步拓展了传统电视媒体的信息传播渠道，给越来越多的普通公民参与新闻生产、发布和传播提供了途径与平台，如中国第一艘航母“辽宁号”下水引发爱国热潮、温州“7・23”动车事件引发全民关注、美国斯诺登“棱镜门”事件引发全球思考以及关注城管执法文化建设、关注强拆文化等，这些普通网民关注和转发的话题所带来的强大话语能量使现代

---

① 蔡雯. 试论“融合新闻”的特点与运作[J]. 新闻战线，2007(1)：55-57.

② 蔡雯. 媒介融合前景下的新闻传播变革与新闻教育改革[J]. 今传媒，2009(1)：21-24.

中国传统媒体话语权正不断遭受冲击，普通民众成为媒介融合下传播链条中的重要一环。现代传播模式正以新的形式出现，无论是信息提供者、关注者还是接收者都逐渐开始以一体化的方式出现，这也成为媒介融合所带来的现代媒体运作与发展的典型特征。[①] 那么针对传媒信息源结构重组，未来电视媒体在产业转型和组织结构方面将会受到什么样的影响？信息生产方式的转型又是如何发生的？关于这种转型，我们需要如何对待？它对于媒介融合下现代电视媒体的发展又有哪些影响？

【访谈内容】提问：针对传媒信息源结构重组，未来电视媒体在产业转型和组织结构方面将会受到什么样的影响？

整理后回答要点：传媒信息源重组会使产品的结构性再造和新闻生产方式发生转型。以产品的结构性再造来说，它是媒介融合冲击下电视媒体行业想要谋求新发展所必然面临的问题。这种结构性再造与从前小打小闹的形式不同，需要现代显示媒体根据多媒介所提供的丰富多彩的初级内容信息，根据用户需求进行深度加工，通过优质的整合与梳理打造成为形式多样化、取向多元化的满足多层次受众群的内容产品。文字、图片、视频、影像等多类信息的交叉融合产生新的产品形态，是对当前市场化用户个性化需求的迎合与满足，也是拓展市场占有率、吸引目标客户群体的有效措施。产品的结构性再造使内容产品多元化，媒体通过内容产品多形态(影像、文字、图片等)的自由转换在多个媒体平台(报纸、移动客户端、网络、电视、电子报纸、数字电视等)得到重复性应用，最大限度地开发产品的效益，甚至形成增值产品链。[②]

提问：新闻生产方式的转型是如何发生的？关于这种转型，我们需要如何对待？它对于媒介融合下现代电视媒体的发展又有哪些影响？

整理后回答要点：对于传统媒体来说，媒介融合这一发展潮流带来的最大影响还是新闻生产方式的转型，对新闻播报领域的媒体工作者产生了十分强烈的冲击。传统的新闻工作者只需要材料、纸币或者计算机就能够写出一篇新闻，但是随着媒介融合下传统媒体与新媒体的融合，现代的新闻工作者除了要搜集新闻材料，还要兼顾媒介融合带来的影响，将资讯、传播、出版、通信和电视融为一体，以便新闻的生产更具拓展性和弹性，给广大受众带来更加多元化、立体化的全方位感受。[③]

通过访谈我们得知，传媒信息源的结构重组会使产品的结构性再造和信息生产方式发生转型。由于信息技术和数字技术应用带来的诸多优势，针对广大用户的特定需求，电视媒体对定制、点播等服务展开新一轮的资源应用性开发。以定制为例，其中一类是用户将自己的需求概念提交给运营媒体，共同完成内容产品的生

① 雷蔚真，王天娇. 新媒体在重大突发性灾害事件中的应用：以汶川地震中的信息需求与运用为例[J]. 国际新闻界，2008(6)：39-44.

② 笔者访谈：2013年11月22日，地点：北京市海淀区梅地亚中心。

③ 笔者访谈：2013年11月22日，地点：北京市海淀区梅地亚中心。

产，这种定制的成本很高，目前在市场上还属于小众，以一些实验性的互动电视节目或者综艺节目为主，普及率较低；另一类是产品内容生产仍旧归电视媒体掌握，在其提供的产品平台上用户可以根据自身需求进行合理组合与搭配，建立自己的专属资源库，如视频客户端等。

这种新趋势下，信息的生产方式不再局限于电视媒体等传统平台，社会化媒体带来的数字化互动为这些信息内容增添了更加多元化、多角度的解读与反思，以微博为代表的社会化媒体平台集点播、录制、回看、搜索、关联、链接、关注、跟踪、评论、推荐等方式于一体，在这个综合性服务平台上，越来越多的用户能够有机会、有条件发表自己的观点和看法，让传统媒体在快速掌握市场反馈倾向的同时筛选出一些有效信息来进行后续跟踪报道。比如，央视推出的新网络客户端 CCTV-BOX，使广大用户随时点播、直播央视各频道各时段的节目，并且通过用户当前的直接反馈完成信息的搜集，为下一阶段频道节目内容调整提供建议，辅助决策。上海地区的文广互动和百视通除了具备上述功能之外，同时还打造了配套的文化娱乐购物辅助设施等，通过社会化媒体与电视媒体的融合带来崭新的用户体验，以社区化的管理模式来更好地为广大用户服务，不断开发新的功能分区，提供全方位的优质信息推送，这也是未来媒介融合下电视媒体组织结构变革所带来的显著产业变化影响。① 以第二代网络为代表的社会化媒体在融合潮流下，把信息生产方式和内容朝着更加分众化、交互化和全面化的方向发展，不断满足广大受众对信息的个性化需求，比如针对同一新闻事件，不同的人会有不同的看法，这对现代媒体深度挖掘新闻资源、服务广大多元化取向用户而言有着巨大的帮助，通过多种形式（微博、微信、抖音、门户网新闻客户端等）推送的信息集锦能够以简洁明快的方式将各类信息整合，方便快节奏生活环境下各类人群对信息的针对性筛选需求。

4.4.3 受众数字化需求

受众数字化需求是当前电视媒体融合发展必须考量的一个指标，技术上的进步和应用上的便利使现代媒体不断朝着数字化方向发展。数字化潮流是媒体行业未来产业发展的重要潮流趋势，并且在发展中将会越来越深切地贯彻以人为中心的理念，将人性化发展趋势延伸贯彻到底，不断强化广大用户和受众人群在媒体传播领域的核心地位。同保罗·莱文森所畅谈的数字化时代人性化趋势一样，从当前媒介融合趋势来看，数字化发展潮流已经不可阻挡，在网络技术和数字传播优势影响着媒介传播形态不断多样化的同时，这一发展趋势还会对传统受众进行分流和阶层分化，最后随着技术的应用发展与媒介融合潮流再殊途同归。这种情况的出现对于传统电视媒体来说无疑意味着利益受损，用户的大量流失趋势不可避免，

① 杨雪睿. 浅析网络媒体对受众的分割与重聚[J]. 现代传播（中国传媒大学学报），2010(2)：156-157.

不过从另一方面也昭示着媒介融合的必然趋势。

根据我国2011年所发布的互联网发展状况统计报告来看，我国的网络用户、游戏与音乐用户规模都在不断扩大，中国作为世界上最大的互联网市场和拥有最多互联网用户的国家，未来网络的发展规模都是其他任何国家所无可比拟的，所以，媒介融合潮流趋势在中国产生的影响、带来的变化也将会比其他国家来得更加多样化和难以预料。截至2020年3月，我国网络游戏和音乐用户规模分别为5.32亿和6.35亿，视频用户8.50亿，手机移动终端用户数量已达9.86亿，应用程序302万款，微博的年使用增长率平均保持20%以上，抖音2021年日活跃用户数量为6.8万。以上这些数据无一不表明以社会化媒体为代表的新媒体的出现使受众的数字化需求不断增长，并持续冲击着传统电视媒体产业的发展。对于传统媒体来说，如果不在大环境下适应发展潮流、加快媒介融合与改革的脚步，在新的市场洗牌过程中利益必然会受损，受众对它们的依赖程度会进一步降低，这对传统媒体的发展来说是十分不利的，无论是从未来发展趋势还是盈利能力来看都是不符合其选择的。①

同时我们也要看到，在当前媒介融合的发展趋势下，电视媒体的受众出现了典型的分化现象，但是转而它们又在新媒介平台上以另一种方式实现了重新聚合，可以说，以社会化媒体为代表的新媒体对受众的影响可以总结为“分割又重聚”。媒介融合发展潮流带来的诸多新变化和新趋势使传统电视媒体需要重新认识和定位自己的受众群，想要加强自身对市场的吸引力、号召力，就要从改善自身组织结构、做好产业转型开始，改变以往对受众的观念，提高自身的媒介融合发展意识。比如，从前的用户主要是电视媒体节目内容的消费者，但是现在他们既是消费者同时也是生产者，无论是媒介的传播形式还是媒介的传播内容都在他们身份定位转变的过程中发生了翻天覆地的变化，他们已经成为现代媒体市场中一支拥有强劲力量的生力军与创造者。媒介融合潮流下广大用户的自由参与空间被扩大、被拓展，他们因为对同一个话题的兴趣或者对同一个热点话题的关注集结成群，或者组建虚拟社区，甚至构造实体社会文化结构，这些都意味着他们自身个体的小能量有被集结成拥有改变众多事件的社会能量的可能，面对这种不断增长的媒介参与意识，现代媒体也要进行合理引导，在重视个人意见表达、团体意见表达的同时给予其足够的尊重，否则现代媒体就会显得十分被动，无法左右这种很容易失控的力量，造成严重的负面影响。那么面对当前广大用户强势增长的数字化需求，媒介融合下的电视媒体应当如何应对？面对产业转型和组织机构融合传媒环境下的新挑战与机遇，又应当怎样做？

【访谈内容】提问：面对当前广大用户强势增长的数字化需求，媒介融合下的

① 付玉辉. 拓展媒介融合时代新媒体传播学的研究领域：2008年我国新媒体研究综述[J]. 国际新闻界，2009(1)：16-19.

电视媒体应当如何应对？面对产业转型和组织机构融合传媒环境下的新挑战与机遇，又应当怎样做？

整理后回答要点：面对这种发展趋势，加强传媒领域媒介融合教育、加强新技术开发与应用势在必行，是传统电视媒体应对新挑战、新发展、新机遇的必备手段。媒介融合作为传媒行业发展的典型潮流，并非一朝一夕就能完成的，其间所遇到的挑战与问题想必会数不胜数，即使有外国成功经验参考的情况下，我国的特殊国情也注定了融合过程中没有专业人才进行指导和操作将会事倍功半，所以，加强媒介融合教育，打造独属于自己的专业人才队伍是未来更好地顺应市场发展趋势完成融合的必要措施。信息化时代，技术的更新换代与升级是竞争实力的重要组成部分，对于电视传媒行业来说，面对网络计算机、信息技术不断升级的新媒体的挑战，自身如果在技术方面原地踏步，无疑很快就会被甩到后面，想要实现自身的产业升级，在媒介融合冲击浪潮下保有自身实力，技术开发与应用方面的创新成为必然。①

通过访谈我们可以得知，想要更好地应对数字化受众的需求，就必须从加强媒介融合教育、加强技术开发与应用两个方面做起。媒介融合人才的培养是一项大工程，因为媒介融合本身需要对传媒行业的发展和现状了解甚深，并且要考虑到我国的特殊国情和现实发展，如何在全球化背景下提升国家软实力，积极打造本土化优秀媒介融合工程既是对这些未来人才的挑战，也是对人才培养的要求。因此，与时俱进、保持创新活力是加强人才培养的重要指导思想。人才培养方面需要对传媒教育资源重新进行合理配置，根据当前发展情况来看，其合理配置有着多种参考发展途径，比如将学校教育资源与社会资源进行合作，将高校内部的传媒院系与社会上的广告公司、传媒企业、媒体、社会研究机构等进行双赢合作，由于媒介融合的核心理念就是融合，所以传媒院系的学生教育也必然会走向多元化、多学科、多技能、多领域的全面融合方向，这对未来媒介融合的发展和推动有着不可估量的良性影响。技术作为能够促使电视媒体产业升级的战略资源和核心要素，占据着重要地位，能够为电视传播方式、传播理念、业务形态与体制机制带来革命性的变化与影响，改变当前被动的单一形式业务传播方式，增强本行业的开放性，带来多元化探索方向，能够真正为电视传媒行业实现媒介优质融合与产业转型、升级提供积极的推动力量。技术投入是产业进步的保证，近年来，我国电视媒体行业的发展相较新媒体出现迟滞、延缓的趋势，很大一个原因就是技术方面进步有限，所以加大技术投入对于电视媒体行业的发展有着战略级别的意义，尤其是在产业化经营领域可加强探索，在完善自身管理的基础上，从技术层面实现产业转型与升级。

① 笔者访谈：2013 年 11 月 22 日，地点：北京市海淀区梅地亚中心。

4.4.4 小结

通过访谈我们得知，现在影响媒介融合下组织机构和产业的因素有以下几种：跨平台运作能力、产品的结构性再造、加强媒介融合教育与加强新技术开发与应用。媒介融合是当前我国传媒领域发展的必然趋势与重点课题，电视媒体行业的组织结构和产业发展受到了极大的影响与挑战，未来必然会引发一场媒介技术革命。媒介融合下电视传媒行业组织结构与产业的变化主要以媒介组织结构融合、传媒信息源结构重组和受众数字化需求三种表现为主。面对一个全新的媒介融合时代，传统电视媒体的发展必然要采取新的应对措施来提升自身的竞争实力，获得更广阔的生存空间，这就需要借助新媒体的发展潮流重新焕发传统媒体的升级与活力，通过创新策略和手段的应用拓展自己的发展空间，赢得更多的受众用户群，以提升跨平台运作能力、产品的结构性再造、加强媒介融合教育、加强新技术开发与应用等措施为切入点，完成产业转型和升级，为电视传媒行业的发展创造更为美好的前景。

4.5 电视媒体与社会化媒体融合模式的建立

通过本章的研究分析，我们可以看出在电视媒体的从业人员培养上，要重视社会化媒体等新形态媒体的掌握，需要在基本业务素养、文化素养、职业道德素养、政治素养、法律法规素养五个方面为电视媒体从业人员提供培训等教育支持。在内容制作上，电视媒体和社会化媒体的互助有隐性关联和显性关联两个方面，社会化媒体既可以作为电视媒体上端的内容资源库，也可以作为电视媒体下端的影响力溢出平台，实现内容补充、跟进、消化等功能，两者间的合作方式十分灵活。在用户使用选择上，电视依旧是大众最信任的首先媒体。四类社会化媒体中微博和电视的联系程度最紧密，无论是在性别、年龄、教育程度还是收入上都是大众选择接收各类弱关系的宏观新闻信息最多的社会化媒体，而微信则侧重接收强关系的本地类信息；在接收信息的内容上除了本地信息、国际信息之外，大众多选择通过电视＋微博的方式接收其他各类信息。在其他几类社会化媒体中，大众多选择微信用于交际，选择 QQ、抖音用于获取本地信息，新闻 APP 更多是作为以电视为代表的传统媒体的社会化形态，承接了一部分补充传统媒体信息的功能。根据用户的使用选择可知，电视媒体要重视和微博之间的合作，大力挖掘微博和电视的合作方式，同时多利用微信平台的强关系圈子争取口碑效应，利用 QQ、抖音平台有针对性地推送各类资讯信息。在电视媒体的组织机构和产业转型部分，电视媒体需要从媒介组织结构融合、传媒信息源结构重组、受众数字化需求三个方面入手，有针对性地对电视媒体的组织机构和产业进行改革。

第5章

新融合模式与经济、政治、文化的互动

5.1 社会化媒体参与与经济生活的互动

传播学者尼尔·波兹曼认为："一种信息传播的新方式所带来的社会变迁，绝不止于它所传递的内容，其更大的意义在于，它本身定义了某种信息的象征方式、传播速度、信息来源、传播数量以及信息存在的语境，从而在更深刻的层面上影响着特定时空中的社会关系、结构与文化。"[①]在传媒领域，以融合发展为导向的发展态势是必经之路[②]，媒介融合实际上就是传统媒体依靠新科技自身更新换代的过程，新媒介是在传统媒介基础上的进一步发展，在新的媒介环境下我们用新媒体的传播优势取代传统媒体的不足，采用优势互补的发展策略，发挥媒体的整合效应，使融合后的媒体达到信息传播的最大化，创造出更大的社会效益。电视媒体与社会化媒体在社会环境中的作用影响显而易见，尤其是给经济活动方面带来了巨大影响。因此，研究电视媒体和社交媒介融合后与经济生活的互动具有十分重要的现实意义。

社会化媒体与电视媒体的融合给社会经济领域带来了巨大的变化，这些变化主要表现在两个方面：社会化媒体为信息沟通拓展渠道及社会化媒体的加入带动相关产业的发展。

5.1.1 社会化媒体为信息沟通拓展渠道

信息化建设在当下的市场竞争中已经成为必备的基础环节，企业之间的竞争演变在一定程度上更多是在信息传达之间的竞争。现代企业发展主要的重点和难点是如何以信息化建设为支撑，通过媒介传播企业商品信息，使企业商品信息更精

---

① 喻国明.微博一种新传播形态的考察[M].北京：人民日报出版社，2011：25.

② 姚红骏.新媒体时代的电视新闻栏目如何破茧而出[J].新闻实践，2010(3)：62-63.

准地传达到目标受众，有效传播成为困扰在诸多企业发展过程中的焦点问题[①]。如何调整企业发展过程中的传播策略和运营手段，以媒介传播带动经济发展是企业经营管理得以持续健康发展的重要攻关课题。

电视媒体和社会化媒体融合是一种新的传媒形式[②]，这种新型媒体形式的传播方式改变了传统媒体在传播过程中内容单一、互动性差，以及传播形式落后的弊端，用丰富的信息量、强大的互动性和多样的传播形式，让分众营销、精准营销更细致、更专业。具体来说，新型媒体形态的使用更多的是在信息沟通和关系维护上，如可口可乐公司除了每年在各个国家邀请在本国具有影响力的明星拍摄不同的电视广告宣传片，还在全球范围内推广社会化媒体营销活动。“全球快乐征程 E206”活动是该公司最宏大的一个社会化媒体工程，利用博客、图片视频分享、推特以及社交媒体 APP 来推广可口可乐品牌，并且取得巨大的成功。可口可乐全球互动营销总监迈克·唐纳利(Michael Donnelly)接受采访时曾说过，在营销宣传中，手机成为“我的可乐奖品”的重要元素，人们可以把瓶盖上的代码通过手机或者 SMS 发给可口可乐公司，这样用户就参与到这个项目中来。一旦用户参与进来，可口可乐公司就可以查看他们喝的是什么品牌什么包装的饮料，参加过什么促销活动，得到过什么奖品。还可以通过社会化媒体了解用户与可口可乐的互动方式，以及想要了解的用户信息，在对社会化媒体上的大数据进行挖掘后，公司会向用户提供与其相关的有价值的信息，向用户提供奖品、折扣以及奖金等。对可口可乐公司而言，采取电视媒体和社会化媒体联合营销的方式，可以对企业形象和产品服务进行更新和优化，不仅可以保持企业和目标受众之间的信息沟通，还可以对用户消费起到积极的促进作用[③]。不难看出，新媒体形式的出现成为除了电视媒体之外信息传播沟通的另一条主要渠道。

5.1.2　社会化媒体的参与带动相关产业的发展

电视媒体和社交媒体的融合，还在一定程度上带动了相关产业的发展。在媒介融合的大背景下，社会经济系统组成部分的关系更密切，相关的产业如网络建设、文化创新还有物流行业等，在新媒体产业的带动下，都将具有较好的发展前景，创造和谐共赢的发展环境将是未来各产业共同奋斗的目标。

中国电子商务是受影响最深的一个行业。新媒体的快速发展为电视商务不断地扩展平台，现在的网络支付方式已经由原来的网上银行繁复的登录方式转换为非常简捷方便的微信支付方式，只要在微信“我的银行”界面输入银行卡号进行绑定，就可以随时随地进行购物消费。当然随之而蓬勃发展起来的物流、售后等行

① 王璐．社交新媒体微博的传播学分析[J]．郑州大学学报(哲学社会科学版)，2011，44(4)：142-144．
② 李应红．美国媒体对社交媒体的最新运用[J]．中国记者，2010(5)：92-93．
③ 葛波．社交媒体在电视传播中的应用：赴美培训心得[J]．当代电视，2011(9)：57-58．

业，也依托着电子商务的平台形成了庞大的规模。这些硬件条件的发展，为电视购物开创了新的起点和发展方向。以往的电视购物可能更多的是用一种夸大其词的宣传效果影响消费者的购物行为，在面临着多次被消费者投诉的情况下，电视购物节目和频道几乎已面临绝境。但是新型媒体的发展为电视购物开拓了新的形式，第一种是利用电视平台播放传统的购物广告，但是购买的方式由过去的电话订购，拓展为多渠道的网络商店订购甚至微信订购；第二种是开播时尚资讯类的电视节目，如台湾地区颇具影响力的《女人我最大》、大陆地区的《美丽俏佳人》、湖南卫视的《快乐购》等，这类节目以明星介绍时尚单品的方式，在节目中为观众传达商品信息，刺激观众在其开办的电子商务中消费。传统家电行业也深受其影响，积极地参与到具有交互、购物、点播等功能的超级电视争夺战中，对电视形态的发展和市场竞争的格局都起到了推动作用。此外，社会化媒体的出现还同时促进了媒体监督和媒体服务行业，如艾瑞咨询集团等咨询公司在新媒体格局发展下逐渐成长为在新媒体研究领域极具影响力的传媒经济专业研究机构。

5.2 社会化媒体参与与政治生活的互动

媒介与政治是天生的联姻关系，人类历史上每一次媒介的科技进步都为政治提供了技术驱动，改变着权利的分配方式，无论是1960年美国举行的历史上第一次总统选举电视辩论还是2011年美国总统奥巴马通过推特和脸书宣布竞选下一届总统的消息，都印证了媒介与政治之间的紧密联系。社会化媒体的出现极大地改变了过去政治信息被特权阶层垄断的状况，搭建了共享的信息平台，推动着信息传播的能量从虚拟空间延伸到现实的社会生活。

5.2.1 社会化媒体参与对民主政治的积极意义

新形态媒体对民主政治具有巨大的推动作用，这种作用主要表现在三方面：社会化媒体拓宽了公民政治参与的渠道，社会化媒体促进了代议制民主进一步完善，社会化媒体参与逐渐成为政治斗争的新工具。

1. 社会化媒体拓宽了公民政治参与的渠道

在现代政治学里，民主政治的关键在于政治参与。政治参与是指公民自愿、合法地参与到社会政治的过程中，并且在最终直接或间接地影响到政治过程的表现行为方式。在现代社会中，政治参与不但可以民主、平等地表达公民自身的政治态度，更是整个政治体系得以正常有效运作的重要支持保障。传统的政治参与方式缺乏更多公民可以参与的渠道，使公民参与的制度化、理性化、法制化程度较低，因为以上原因，公民政治参与的积极性和主动性也大打折扣，不够开放的渠道也导致了公民的参与能力不足。

现在的中国社会正处于转型期，公民的政治意识开始复苏，越来越多的政治诉求需要表达。过去因寻求不到正当渠道参与，使整体上公民的政治参与度较低，束缚着我国民主社会的形成。随着新形态媒体的兴起，公民参与政治的渠道得到拓展，公民参与政治的能力也在逐步加强。以社会化媒体为代表的新形态媒体在交互方面的优越性，有助于公民表达自己的政治利益观点，参与公共政策的讨论，把新媒体当作疏导平台，从而起到缓解社会矛盾、平衡社会关系的效果。人民网利用新形态媒体开展社会公共活动就是一个很好的例子，人民网强国论坛在两会期间开通了“E 两会”，①这个论坛的开通加强了政治与公民的互动，媒介融合下的“E 两会”论坛的建设强化了政治交流和正确宣泄，人们可以在论坛上发表提案、投票联署、调查评论等，公民可以在网络平台上发表言论，表达自己的政治态度，这对有关部门听取群众呼声，推动公共决策和政治民主化进程具有重要的价值。

但是更大范围的政治参与是在社会化媒体兴起之后，据统计，截至 2021 年 6 月，新浪认证的政务微博总数达 79 372 个。政务微博已成为当下中国社会热点事件的重要参与部分，推进着社会公共协商机制的形成。政务微博可以有效地接收民众在各个方面的咨询、投诉、意见，成为有效的政民互动平台。电子政务的开展就是以互联网为基础，以交互式的网络信息处理和传播为手段，将政治建设与广大群众密切联系起来，实现群众与政府之间的双向交流与沟通。电子政务工作的开展从根本上改变了传统政治的运行方式，凭借双向交流的优越性，在网络平台上实现对民众疑问的迅速反应，及时、准确、全面地了解民意，同时利用新媒体平台发布政府最新动态，为创建服务型政府提供了新的民意渠道。

两会期间的微博问政把社会化媒体的作用推向了另一个高峰。每年两会必定是各家电视媒体争相报道的热点，很多电视媒体都开设了自己的官方微博以充实自己的报道。拿央视《两会焦点访谈》的《舆情看板》来说，《舆情看板》会在每天向主持人敬一丹的微博粉丝和 QQ 好友征求话题意见，按照大会的日程设置相应的话题议程，在报道中把大众的观点、评论有机地插入节目内容中。主持人敬一丹在采访过程中会即时通过微博平台和网友进行交流，引导网友关注节目设置的话题，起到了很好的舆论引导作用。普通民众通过网络平台提出虚拟提案，也满足自己心理上参政议政的需求。同时，跑两会的其他电视记者张泉灵、王小丫等也纷纷开通自己的个人微博，通过微博把自己的所见所闻、真情实感和网友进行交流互动，扩大电视节目在第二屏的效应，形成整个社会的热议氛围。新形态媒体形式的成功应用，使其在政治领域具备反映民意民情的功能，对提高政治的公开度和透明度至关重要。

因此，我们说新形态媒体形式促进了公民政治参与，具备了反映群众民意民情

① 吴欣阳.凡人视角启动不凡收视重庆都市频道成就本土都市人群第一影响力平台[J].声屏世界·广告人，2013(9)：120-121.

的功能，可以更好地促进政治秩序化发展。

2. 社会化媒体促进代议制民主进一步完善

在传统民主政治下的模式主要分为直接民主制和代议民主制两种，在民主政治的历史上曾出现过各式各样的民主形式，但是占主导地位的依然是代议民主制。代议民主制是指在政治社会中，人民通过选举自己认可的代表来替自己进行政治决策或协调各方利益，且被选举者具有实质政务控制权的民主制度。社会化媒体的兴起让公民不需要代表就可以直接参政议政，表达自己的政治主张和观点。加拿大政治学会主席埃德温·布莱克(Edwin R. Black)认为，互联网改变了政府和选举政治，网络平台不仅改变了政党引导、选举轮换的方式，还改变着公务员的选择及其与民众相处的方式。

社会化媒体平台不但促使了现有代议民主制的进一步完善，还成为直接民主制的变形体现。由于新形态媒体形式还处于初级发展阶段，仍然有着直接民主制的内在缺陷，在政治活动中存在着众多不利于民主政治全面推进的因素，如意见多变、缺乏理性等，都将影响着民主政治的前景。因此，要想使网络直接民主制度发挥正常作用，不能单一地依靠新媒体形式，而是要结合媒介融合下的政治发展需要，以代议制民主制度为主、社会化媒体等其他新媒体上的直接民主制变形形态为辅，建立健全民主政治体制，搭建合理的民主治理架构。自 2010 年起，在两会期间，两会委员都会选择除了通过电视媒体发布自己的提案、议案之外，还开设个人微博拓展自己的政治影响力，通过微博发布两会期间个人提案的观点和对他人提案的建议、看法，并在微博平台与网友展开讨论、征集民意，联合电视媒体的公信力、权威性和社会化媒体的影响力、互动性，更加全面、完整地表达自己的政治主张。据报道，在 2010 年两会期间有 20 位人大代表、27 位政协委员在新浪微博上开设个人微博，而到 2020 年 3 月则有 139 位人大代表、185 位政协委员，共 324 人在新浪微博上开通了个人微博，个人微博的开设已经成为代表委员履职的新途径。微博问政也起到了很好的舆论监督作用，在这个角度来说也是对代议制民主制度的一种有力促进。

3. 社会化媒体参与逐渐成为政治斗争的新工具

随着新媒体形态的不断演化，20 世纪下半叶开始，互联网激进主义开始出现苗头。互联网激进主义主要是通过网络渠道集结，继而形成势力、挑战主流社会的行为。这种互联网激进主义大范围的出现恰恰是在社会化媒体出现之后。2009 年的两起因社会化媒体引发的政治变革是社会化媒体成为政治斗争新工具的有力佐证。

2009 年 4 月摩尔多瓦举行了四年一度的议会选举，反对派对摩尔多瓦共产党人获得半数选票不满，随后利用推特发布消息，在 4 月 7 日和 8 日的推特热门话题里，带有“＃pman”标签的话题参与组格外活跃，这个标签是摩尔多瓦首都最大的广场的缩写，也就是集会的地址。通过手机和互联网的不断传播扩散，摩尔多瓦首都最终出现万人围堵总统府和议会大厦的场面，使抗议一度升级成为暴力骚乱。

同年6月12日，伊朗开始第10届总统选举，穆萨维等改革派对内贾德获得连任进行质疑，认为在选举中存在着舞弊行为。穆萨维的支持者随后马上创建“＃Iran Election”和“Iran”的热门话题标签，煽动反政府示威并在世界范围内大量转发、发布消息。伊朗政府随后通过中断手机通话和短信服务、屏蔽境外网站、禁止外国媒体采访等方式企图制止失控的局面，之后更是通过内容过滤、追踪IP地址、屏蔽代理服务器、窃听手机通信内容等方式严格控制信息传播，对互联网进行严格的管控，并明确声明国内各大网站及博客所有人删除敏感内容，否则将会面临法律制裁。虽然伊朗政府已经做足了该有的应对措施，切断了一切传统媒体或者第一代互联网媒体的传播源头，但是推特灵活的信息发布、接收方式却让伊朗政府无法控制、束手无策。因为推特除了可以正常通过通信网、互联网传播信息，还可以通过第三方网站和客户端进行传播，而且在推特上发布的内容可以通过关键词进行检索，所以很容易成为网友统一协调行动的一个标志，其快速传播的特性又很利于信息的大面积扩散。

社会化媒体作为一种公共传播工具，对各个国家的政治斗争和政治格局都会产生巨大的影响。政治斗争面对社会化媒体发展的新形势，也随之发生重要的变化，电视媒体应该敏锐地意识到社会化媒体在政治活动中的重要性，充分发挥社会化媒体的传播优势，把社会化媒体作为可以辅助电视内容报道的新工具，联合社会化媒体和电视媒体两者的力量做好舆论引导工作，准确把握舆论发展态势。

5.2.2　社会化媒体参与民主政治发展面临的挑战

互联网是一个动态且复杂的空间，互联网的开放性一方面促进了多种信息的交流，同时也使许多消极的思想得以衍生。从社会化媒体对民主政治发展的消极影响上看，社会化媒体利用互联网技术进行交流与合作，相对的人与人之间面对面的交流越来越少。数字鸿沟阻碍了广泛的民主参与，网络信息的全球性冲击着人们的政治认同感，都将不利于民主政治的发展。

1. 数字鸿沟阻碍了广泛的民主参与

数字鸿沟又叫信息鸿沟，是指信息大量持有者和信息少量持有者之间的差距。数字鸿沟本来是指数据方面的差距，这一概念很形象地描绘了由于参与者的经济条件、教育程度、个人偏好的不同而造成的知识差距。就新媒体环境下的民主政治而言，数字鸿沟越大越容易加剧社会的分化和断层，使真正广泛的民主参与难以实现。社会化媒体平台非常具有优势的一个特点就是海量化的信息承载，特别是在云技术出现之后，社会化媒体平台的信息存储能力是难以想象的。所以这里的数字鸿沟更多的是指大批的社会化媒体用户是否具有对信息进行判断的能力，也就是用户的社会化媒体素养。如果缺乏社会化媒体素养就会出现以下两种消极影响，一方面，数字鸿沟加剧了利益表达的不平衡状态，在新媒体环境下强化了居于优势地位也就是具有判断力的群体的力量，相反，弱势群体也就是没有判断力的群体则会越来越处于劣势；另一方面，数字鸿沟对处于不同阶层的人群也有着重要的影响，鸿沟的不断扩大会把社会分裂成政治核心群体与边缘群体。政治核心群体过分占据着政治建设与发展的控制权，而边缘群体则政治观念日渐淡薄，最后被排除在政治势力范围之外，这两种极端群体的出现，都不利于政治结构的稳定，阻碍了广泛的民主参与，应适当协调优化。

数字鸿沟的出现，还会造成一种消极的影响，那就是“马太效应”。简而言之，“马太效应”的最可怕之处就是“贫富不均”，也就是说，“马太效应”会造成富者更富、穷者更穷的局面。在社会化媒体环境下，掌握了社会化媒体特性的信息主导方会成为民主参与的优势方，把控着新媒体平台的话语权优势，通过社会化媒体这一更加便捷、高效的平台表达自己的观点，作为政策受益者实现自身政治利益的最大化。这也是为何在社会化媒体出现之后，网络平台上滋生出如此多的社会公知和舆论领袖的原因。而不了解社会化媒体平台传播特点的信息接收者则较被动，尤其是对于信息沟通不顺畅的群众，对网络民主的了解较少，一旦有自身的政治利益诉求，不但无从表达，反而容易成为别有居心者的政治砝码。这种环境下的民主政治会使民众真正地参与能力降低，造成信息大量持有者和信息少量持有者间的权益分隔越来越大。在以往电视媒体为主的媒介环境下，这种消极影响并没有社会化媒体出现后这样明显。究其原因，主要是因为电视媒体没有社会化媒体如此无序、瞬息万变、海量的信息存在，传播内容都会先由把关人进行选择，对用户自身的媒介素养要求不像社会化媒体平台这样高。所以电视媒体在社会化媒体民主参与中更多需要做的是把各方意见进行归纳、梳理，当活跃的社会化媒体平台失控时，可以起到社会化媒体平台民主参与警戒阈值的作用。

2. 网络信息的全球性冲击网民的政治认同感

全球性的信息网络为资讯的传播带来了无比便利的条件，世界上各种不同的思想在信息网络平台上得到激烈的碰撞和摩擦。电视媒体平台的信息因为有专业把关人的严格控制，所以会在一定程度上有所选择地发布信息。但是在混乱无序的网络信息传播中，全球性的各式信息不断冲击着网民的政治认同感，使既有的思维模式和观念理念遭到前所未有的挑战。社会化媒体环境中的人们在看待政治问题时，一部分人会以网络媒介为依托产生政治向心力和政治认同感，还有一部分人会抱以政治疏离感和冷漠感的态度观察政治走向。如何调和这两种政治立场，兼顾具有政治向心力和政治疏离感的两类人群，弱化政治疏离感，强化政治认同感，使网络信息为政治建设服务，在新媒介环境下促进政府与民众之间的双向交流，将是未来很长一段时间政府建设将要探寻的道路。

我们在利用新媒体的时候，应综合考虑新媒体的媒介传播作用，不仅要看到新媒体的积极作用，还要兼顾新媒体环境下不可避免的消极作用。对民主政治建设而言，新媒体为民众参与民主政治提供了现实可能性，创造了有利的民主政治环境。在民主政治建设中，力求充分发挥新媒体的积极作用，将新媒体的消极作用降到最低，以促进有效信息传播的最大化，营造更健康有序的网络环境。在当今以舆论战、信息战为主的各国碰撞中，社会化媒体是非常强而有力的武器。当面临通过社会化媒体发起的国际舆论战时，电视媒体适时地呈现观点、立场，表明态度就显得尤为重要。

3. 重视青年政治参与的新变化

社会化媒体的主要用户群集中在20～39岁，以青年群体为主。[①] 所以准确把握青年参政的特点对我国民主建设意义重大。就目前而言，青年参政的特点主要有三个方面：一是新媒体助选的作用不可替代；二是组织化参选趋势明显；三是意见领袖的示范效应突出。新媒体助选是青年参政的新特点，当代青年普遍能够熟练操作使用新媒体发布信息，网络的低门槛助推了青年参与政治的积极性，通过新媒体参与政治的青年人数不断增加，社会化媒体背景下青年参政呈现出了与以往不同的变化；组织化参选是指在参选过程中以组织的形式规范参选过程，助选团队的支持是组织化参选的重要组成部分，组织化程度越高，其获选成功的概率也就越大。如在以往的青年参选人大代表的事件中，参选人员多半是孤军奋战，很少有团体在后方支持。但是现在青年利用新媒体可以在网络空间迅速发展支撑自己的团队力量。网络助选团队成为推动青年参选的一股重要力量，没有参选的青年也可以通过加入助选团队的形式，给予自己有共同政治诉求的参选队员以支持，这种形式前所未有；意见领袖的示范效应随着青年运用新媒体参政的比例不断增加显示出越来越重要的作用，新媒体迅速扩散产生的强大社会影响力对青年塑造自己的意见领袖形象十分有利，使自己能够在参选过程中起到典型示范作用，受到越来越多的粉丝追捧。

虽然社会化媒体的出现为青年参政提供了一条便捷的通道，但是我们仍然要警惕社会化媒体上呈现出的盲目从众、缺乏理性判断、选择性注意和选择性理解等问题，避免“秦火火事件”等对社会造成严重不良影响的网络谣言再次发生。通过多元化的媒介渠道培养青年的网络政治素养，提供网络民主的支持平台，树立健康理性的网络参政意识，最终可以把参政青年在网络空间形成的舆论与国家权力机关决策的直接通道真正搭建起来，激发青年人的主人翁意识和参政热情。

---

① 环球网.世卫组织确定新年龄分段：44岁以下为青年人[EB/OL].(2013-05-13)[2014-06-03]. http://world.huanqiu.com/regions/2013-05/3930101.html.

由上可知，新媒体的产生和发展拓宽了公民政治参与的渠道，促进了民主制度的进一步完善。但是，新媒体由于其传播特性，又会产生诸如无序的网络政治参与、数字鸿沟等现象，对民主政治的未来进一步发展提出了挑战。探讨社会化媒体环境下媒体与当代民主政治发展的关系，对我们建设具有中国特色的社会主义民主政治具有重要的理论意义和现实意义，也对当下电视媒体在新时期政治环境中的自身定位起到了很好的参照作用。

5.3 社会化媒体参与与文化生活的互动

社会化媒体对我国的文化生活也产生了巨大的影响，多元媒介环境下的文化发展丰富了原有文化生活的内容，拇指文化、客文化、微文化等一系列新的文化应运而生，社会化媒体为大众打开了另一种文化形态的大门。

5.3.1 社会化媒体参与对文化生活的积极影响

社会化媒体内容的 UGC 方式引发了网络平台上民众的创作热潮，开放共享的创作平台把人们带进了全民明星化的世界。用户通过各种方式的重组、加工把零散的文化碎片进行了有效的整合，促进了更适合文化产业发展的机制变动和资源重组。社会化媒体的低门槛准入条件、低成本生产传播都极大地激发了社会各个阶层的创作欲望，我们惊喜地发现很多时候民众的创意甚至超过了专业的文化公司。从这个角度来说，社会化媒体为文化产业的发展提供了数量庞大的市场生产力。随着社会化媒体平台上原创作品的质量不断提高、影响范围逐渐扩大，这些原本只是抒发自己创意理念的作品开始受到越来越多人的赏识，逐渐形成了自己的商业价值和社会影响力。

大红大紫的“淮秀帮”创意配音团队就是一个很值得研究的案例。淮秀帮原本是由“80 后”“90 后”网友因兴趣自发组建起来的团队，他们把大众耳熟能详的影视片段进行重新剪辑，通过善意而欢乐的配音吐槽方式表达自己对当下社会热点问题的看法，把原本上纲上线、枯燥无味的说教转变成便于转发、分享的几分钟小段子，让大众在开怀一笑之余还能对社会现象有所反思。2010 年淮秀帮创造性地改编《新白娘子传奇》等经典影视剧中的经典桥段，作品风靡一时，为广大网友熟知；2011 年起淮秀帮因为网络上的极高人气和制作精良的作品，开始为 CCTV、湖南卫视、安徽卫视等多家电视媒体制作宣传片；2013 年起淮秀帮开始为电影制作贴片预告片，走进了全国各大院线。淮秀帮团队在短短三年之内完成了从单纯的草根创意配音视频展示到作品在网络平台风靡、产生巨大影响力，再到进入电视、院线等专业平台创造商业价值，这种以业余配音团队打败专业广告公司、以极低的生产成本获得极高商业价值的模式只能在社会化媒体平台上上演。社会化媒体的出现为文化产业注入了新的活力，丰富了文化产业主体，使社会化媒体的生产形态更加多元、多样。事实证明，社会化媒体不仅可以包容吸纳原有的文化产业，受 UGC 方式(用户原创内容)的影响，社会化媒体上活跃着越来越多不同的内容形式。透过这些不同的内容形式我们可以看到创作者具有明显差异的文化层次、社会背景、关注方向。社会化媒体平台汇聚了这些微小的文化力量，并最终形成了具有社会化媒体平台特色的文化产品。这些创作者把传统和时尚、国内与国外、精英与草根巧妙地杂糅在一起，使当下文化产业和文化产品的多元化发展走向了一个极致。

此外，社会化媒体的信息传播优势可以让文化产品及其创作者得到在传统媒介平台无法想象的影响力。电视媒体等传统媒介平台需要很高的准入门槛，最终可以获得大众关注的只有寥寥数个而已，再加上信息化时代信息、资讯的流动速度很快，各类同质化的信息层出不穷，很难让人产生深刻的印象。但是社会化媒体平台因为具有传播范围广、信息保存时间长、易于搜索等特点，会使被传播的信息以节点的方式进行病毒式扩散，产生巨大影响力。如歌唱家龚琳娜 2010 年在北京新春音乐会上演唱神曲《忐忑》的视频在社会化媒体平台上被大量转发和评论，网络点播次数超过 2000 万，这一呈几何倍数的传播效果使这首本在国内非常小众的音乐获得了大众很高的关注，甚至还一度引发了全民模仿跟风的热潮，为龚琳娜迅速打响了国内知名度，推广了其中国新艺术音乐的理念。

最后，文化创意产业管理部门也可以通过社会化媒体平台寻找失落在民间的原生态文化创意者及其作品。加大对社会化媒体平台的开发和利用，合理运用社会化媒体平台提炼、整合、推广、传播具有中国特色的文化创意产品，把挖掘出的文化创意产品作为中国的文化符号传播出去，进一步激活我国文化创意产品在世界范围内的影响力，实现社会化媒体平台上文化创意产业从制作到发行再到消费的完整价值链。

5.3.2 社会化媒体参与对文化生活的消极影响

在社会化媒体不断丰富文化产品形态，呈现多元化创意主体的同时，我们也需要意识到社会化媒体平台上的文化内容呈现出的过于娱乐化、流行化的问题。这类原创文化产品虽然满足了大众的消费需求，但是文化产品作为社会精神力量的支撑，更需要做的是，兑现大众在当下的文化诉求。因为内容制作与传播缺乏中心控制系统的特点，以及意识形态话语、精英文化进入新媒体传播渠道的滞后状态，社会化媒体上用户发布的内容与电视媒体相比呈现出更多的不良文化和泡沫文化泛滥的状况，使文化的主流意识越来越弱。社会化媒体用户往往为了吸引眼球及实现在短时间内迅速获取知名度的目的，而竭力迎合教育水平和精神期待较低的消费群体的休闲娱乐需要。在这种趋势下诸多精神低劣的内容产品在社会化媒体平台上大量出现，如台湾地区曾一度流行的穿着暴露、举止不堪的女艺人拍摄的哈林摇滚舞蹈视频等，造成了不良的社会影响，扰乱了正确的社会价值判断。优良的文化产品应该是由经典文化和精英文化建构的社会主流价值观、道德观的载体，社会化媒体平台具有很好的向更大社会层面推广主流文化的条件。应更多地在大众娱乐层面传播主流文化、彰显公序良俗的底线，而不是被一些不良文化和泡沫文化影响。

此外，社会化媒体内容创作的私密化和传播方式的自由性会导致人的主观能动性的失控或过分发挥。这是因为社会化媒体环境会模糊用户的自我社会定位，使具体行为和具体场所之间的关系弱化，变相地使社会化的个人确认自我的结构不复存在。相较于现实生活，网络社会中用户在虚拟世界需要负很少的责任，这也是网络恶意炒作、网络谣言等产生的心理根源所在。特别是一些处于青春叛逆期、人性表现相对自由而个人修养又相对缺乏的青少年就更容易在享受精神主体过分自由的情况下迷失自我。而外在的整个社会氛围下的文化狂欢化、欲望化更加剧了主流价值规范的缺失；注意力经济的传播价值取向和快餐化的文化消费倾向为社会化媒体上低俗的文化产品提供了生长空间。

由上述分析可知，在文化生活方面，电视媒体更多的是可以借助社会化媒体的力量发现散落在民间的优秀文化产品和文化人才，通过电视媒体的影响力为这些作品和人才正名，引发大众对优秀民间文化、草根文化的关注。根据以往的案例，当优秀的文化作品在社会化媒体上得到大众的追捧和认可后，作品的持有人无一例外地选择了在电视媒体上继续推广、发展自己的事业。这也说明电视媒体依然是当下媒介环境中最具有影响力和最主流的媒体形式。

5.4 小结

综上所述，电视媒体和社会化媒体融合后的社会生活互动是一项综合的系统工程，具有长期性和复杂性。我们在了解新媒体的特点和趋势的前提下，应关注电视媒体和社会化媒体与经济、政治、文化间的相互影响，构建电视媒体和社会化媒体融合后的社会生活良性互动关系，不断探索新媒介环境下社会生活互动的有效途径，日趋深入和完善新媒体环境下社会生活的互动建设，不断促进我国社会生活更加繁荣地发展。

第6章

社会化媒体背景下电视媒体融合发展的路径选择

6.1 提高社会化媒体背景下电视从业人员素养

6.1.1 社会化媒体背景下电视从业人员必备的素质

媒介融合在给电视从业人员带来挑战的同时，也提供了良好的发展机遇，为电视从业人员提供了更大的发展空间和更广阔的工作平台。但是，新媒体的出现特别是社会化媒体的出现使媒体在信息发布的权力上极大地让渡给了普通民众，为民众打开了挖掘和传播信息的多元渠道，社会化媒体成为各类社会事件的"放大器"和社会情绪的"发泄器"。广大民众掌握着更多的一手材料，发布的信息往往比职业记者更具有时效性。这种新的媒介传播方式给电视媒体从业者的职业素养提出了更为严苛的要求，如播报突发事件的效率、信息核实的能力和速度、通信员网络的扩张、线索挖掘的深度和广度等。

澳大利亚新闻学院专家史蒂芬·奎恩(Stephen Quinn)在《融合新闻，多媒体报道基础》中曾说过，在信息来源和渠道飞速增长的时代，记者编辑等传统媒体从业者所需要的技能已不仅仅是采集信息，而是面对新媒体平台上各类信息的选择和重新平衡，让这些原本碎片化的、零散的信息联系起来，呈现出深刻的意义。从这个角度来说，媒体从业人员的角色已经从"把关人"转变成为"管理者"。传播形态的更新不只是生产方式的转变，更重要的是提出了传播理念的新思路。社会化媒体的出现对传播者提出了更高的能力要求，过去精通一种技能的单一型记者已经不能再适应时代发展的需求，全能型媒体从业者应了解和具备文字、图片、摄像、音频、视频等多种信息载体的操作能力，能够以多媒介融合的技能完成信息采集工作，既能为报纸、网络、手机媒体供稿，又能为广播、电视所用，使所采集的信息内容可以应用于各种不同的媒介平台。电视媒体想要守住自己的强势地位，关键是提升解释力和公信力，这就要求媒体人切实提升反应速度和思考深度。同时要开发电视媒体的长尾效应，在社会化媒体平台引入众包机制，激发用户生产和传播的能力。电视媒体从业人员需要放下身段，积极地去了解社会化媒体的传播特点和传播规律。在前面的论证中笔者通过焦点小组访谈和资料分析，梳理出了基本业务素养、文化素养、职业道德素养、政治素养、法律法规素养等在社会化媒体环境下最需要重点培养的五大素养类型。这五大素养的每个方面都受到了社会化媒体的影响，落实到实践层面就形成了以下对电视媒体从业者个人能力的几点要求。

首先，无论是一线的记者编辑还是管理层都应注重媒体的策划与设计能力。未来的传媒业竞争将是人才的竞争，媒介从业人员的合格与否建立在其自身的综合业务素质和能力上。在过去传统媒体时代，电视节目的策划和设计同质化较严重，传播的手段形式比较单一。而社会化媒体却可以为上到整个频道的营销推广，下到某个节目的设计策划提供很多新的思路。这就要求新时代的电视媒体从业人员在电视内容传播的初期就要具备社会化媒体的相关知识和意识，避免因为知识的割裂或意识上的忽视而造成不能将媒体技术和内容生产统一的情况。因此在社会化媒体的影响下，电视媒体从业者除了具备专业知识、专业技能外，同时需要具备策划理念和设计能力，这样才能使做出的电视内容既有专业的深度，又有审美的力度。

其次，基于统一采集信息、分散各媒介平台制作的理念，社会化媒体的出现对电视媒体的团队协作能力提出了很高的要求。社会化媒体在时效性或互动性上远远超过了电视媒体的社交属性，为电视媒体带来了很大的压力。但是我们也必须清楚地认识到个体的力量无法完成过多的工作，如“背包记者”虽然可以完成信息的采集发布，但是作为一档正式的节目在包装、设计、推广上就无法一力承担了。每个个体的能力、经验有限，电视媒体可以借助社会化媒体的力量，结合不同知识、技能背景的人，共同完成电视内容的制作和发布。

最后，复合型人才的稀缺是不争的事实，媒介从业人员需要积极学习掌握社会化媒体知识。社会化媒体的迅猛发展促使时代不断呼吁着“全媒体记者”的出现。所谓全媒体记者，是指具备突破传统媒体界限的思维与能力，并适应融合媒体岗位的流通与互动，集采、写、摄、录、编、网络技能运用及现代设备操作等多种能力于一身的人才。全媒体记者的特点对传统记者的技能提出了更高的要求。其实，电视媒体从业人员在社会化媒体背景下，不管从技术层面还是思维方式层面都面临着全新的转型。为适应社会化媒体需要，电视从业人员除了需要掌握电视内容本身的传播规律和叙事技巧，还需要掌握与新型互联网相关的技术知识，来满足新型媒体的传播模式及社会化媒体背景下受众的审美需求。除此之外，更需要有资源聚合式的头脑，能够通过不同载体间的不同媒介组合发挥出超过单一媒介平台所能产生的效应，充分利用新媒体的交互特点，挖掘受众所掌握的一手资源。同时还要善于借鉴学习其他媒体的优势，实现节目内容制作和传播通道的多元化。

6.1.2 社会化媒体背景下电视从业人员的培养方式

社会化媒体背景下电视从业人员的培养方式主要从两个方面着手：加强现有媒体从业人员在新媒体方面的挖掘和培养，重视未来电视媒体人才的培养储备。

建立新型的人才培养机制是电视台内部培训管理的重要一环。电视台内部也需要建立灵活的培训机制，加强从业人员全媒体操作技能和跨媒介平台的策划思路。英国BBC每年都会对其无论是总裁还是助理编辑，进行有针对性、人性化的培训。海外很多媒体都在进行这方面的尝试，从2004年起，美国报业联合会总编辑协会开始组织各类培训性质的讲座和研讨会，对全美各地的报纸新闻记者进行新媒体的相关培训，"移动记者"的概念应运而生。密苏里新闻学院、伯恩特学院等新闻学院推出了新媒体、多媒体新闻采编技能短期培训班，对在职的记者编辑进行培训。波恩特学院设置了"使用音频和影像进行在线报道""使用视频进行多媒体报道""数字化照片编辑""多平台新闻学"等课程，都属于非常具有实操性的课程，同时为从业人员配备新媒体设备，便于从业人员熟练操作。

技能培训主要包含两方面的内容：一方面是学习同一媒体在其他部门的技能，了解掌握不同部门工作的差别，也就是说，作为电视媒体从业人员要全面掌握、了解电视媒体从生产制作到播出平台甚至受众反馈的完整过程，为节目的整体设计打下基础。另一方面是进行跨媒体的技能培训。不同的媒体有其不同的技能特点，电视媒体从业人员需要学习社会化媒体的相关技能，例如如何根据社会化媒体的传播特点寻找信息点、配合电视媒体的制作等。在人才的培养机制中还需要注重与高校的合作，建立复合型人才培养基地。美国密苏里大学新闻学院教授布莱恩·布鲁克斯(Brian Brooks)曾指出："我们从没有培养过这样的学生，因为我们总是培养报纸记者、杂志记者，现在需要培养跨媒体的记者。所以我们要开设这样一个将各种媒介融合在一起的新专业来培养这样的人才。"①为了适应社会化媒体的节点传播形式，电视从业人员必须不断地提高自身素质，加强多种媒介渠道运用技能的学习锻炼，才可以适应新媒体的传播方式方法。

6.2 扩大媒介间内容资源的跨平台共享

6.2.1 建立媒介之间的协同合作

媒介技术发展实现了媒介传播方式的改变，让社会化媒体与电视媒体之间形成了很好的优势互补。同样的一条信息按照媒介平台的特性可以以不同的方式呈现，做到一物多用，使信息生产的成本大大降低，传播速度明显提升。在前文的资

---

① 蔡雯.培养具有媒介融合技能的新闻人才[J].新闻在线，2005(8)：84-86.

料分析和案例分析中我们可以得出,媒介之间的协同合作与社会化媒体的最核心特征“交互”“分享”有着很明显的契合之处。电视媒体和社会化媒体建立长期稳固的合作关系可以实现优势互补,满足双方对内容资源的需求。在电视为主导的信息传播过程中,社会化媒体起到了很好的补充作用,除了消化电视媒体的溢出效应外还很好地在议程设置上推动节目的发展;在以社会化媒体为主导的信息传播过程中,电视媒体利用其拥有的强势地位和高公信力优势,对信息进行深度挖掘,呈现节目想要表达的完整图景。社会化媒体在电视媒体营销推广方面的影响更突出,电视媒体可以借助社会化媒体平台为节目宣传造势、与粉丝互动、延伸节目的溢出效应、维系稳固节目与观众之间的感情。

社会化媒体为电视媒体内容带来了更加多元化的呈现方式。电视媒体通过社会化媒体的双向传播特点,让受众在电视内容播出时感受到更多的互动。如现在很多的谈话类电视节目中都采用了微博网友的评论来支持节目观点,或是采用微信留言的形式表达民众的意愿。电视节目可以和社会化媒体在内容上进行各种深度的融合,如在社会化媒体上开通电视媒体客户端,在节目中把用户在客户端上的留言播报出来,或者用户通过社会化媒体平台的选拔直接进入电视演播室,为电视媒体植入互动性的内容。用户还可以通过社会化媒体上社区、群的方式汇集意见,形成舆论力量,进而改变节目的内容设计,也可以说在一定程度上参与了节目的策划与制作。

电视媒体利用社会化媒体充实自身媒体资源,把电视媒体的信息价值最大化。近几年各大广电集团开始意识到社会化媒体带来的潜在巨大影响力,纷纷设立自己的网站及微博、微信等社会化媒体类的官方账号。以中央电视台为例,中央电视台的官方网站为央视网(http://cctv.cntv.cn),在央视网的导航设计上我们可以看到,除了频道、栏目、主持人、节目单、直播等基本的电视媒体必备元素外,点播、博客、微博等作为非常重要的部分各自独立占据了一个导航版块。央视网专门成立了自己的央视通微博平台,汇集了央视主持人、央视栏目的微博,利用央视主持人的名人效应和央视栏目的品牌效应,把央视的内容品牌资源打造成了一个巨型磁场,通过微博与观众的互动连接起了屏内屏外两个世界,最大化地挖掘了央视的信息价值。

6.2.2 大编辑部模式共享资源

央视早在2003年新闻频道开播后就在频道管理层推广了“大编辑部”模式。总体来说,大编辑部模式有几大特点:①以频道为单位设立编辑部,定期召开会议统一管理频道内的新闻资源调配、选题策划和业务管理等;②设立公共服务体系,采集的信息供所有部门共享;③各栏目对统一采集的信息进行分层加工和个性化包装。而社会化媒体的加入显然令大编辑部的优势更加突出。

大编辑部模式(图6-1)的主要诉求是能将整个传媒机构或传媒集团的有限资

源利益最大化，它的核心优势主要体现在两个方面：一是内容资源共享，二是设备资源共享。在内容资源共享方面，社会化媒体平台上的海量信息完全可以保证电视媒体所需的信息线索数量，电视媒体可以通过社会化媒体提供的信息线索，提取自己策划、设计的节目类型所需的信息，如在社会化媒体上的一条求职就业的社会热门话题讨论就可以衍生出新闻节目、访谈节目、求职节目等。通过这一方式，大大降低了生产成本，各媒体之间在统一的目标下最大限度地实现内容资源的共享、开发与整合，各媒体平台协同运作，体现了跨媒介集团化运作的极大优势。在设备资源共享方面，社会化媒体的加入可以减轻很多设备资源方面的压力，首先社会化媒体的载体设备一般比较智能化，使用者完全可以通过简单的操作独立完成所需信息的制作和发布。其次因为社会化媒体的智能化让更多的大众参与到节目制作中，也在一定程度上缓解了设备资源的压力。

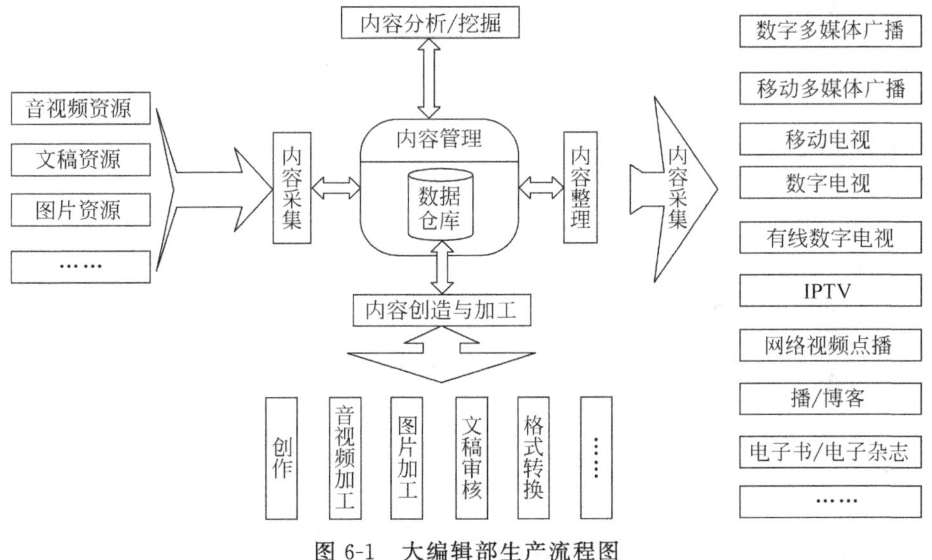

图 6-1　大编辑部生产流程图

大编辑部制模式打破了媒体之间的限制，整合了各种不同的媒介形式，并在资源共享的基础上形成全新的节目制作流程。开发和整合信息资源、媒介资源、环境资源、人文资源和受众资源等多种资源类型，是电视媒体获取竞争力的主流策略之一，从这个角度来说社会化媒体的出现不但没有影响电视媒体的强势媒体地位，反而为电视媒体增加了更多资源支持。

6.3　了解社会化媒体背景下公众的"使用与满足"需求

"分众化传播"的概念最早由美国著名未来学家阿尔文·托夫勒提出，他于1970 年就曾预言传媒未来面临着分众化和小众化的趋势。受社会化媒体影响，受众的分流趋势更加明显，针对不同人群进行专属定制的传播方式已经成为常态。再加上社会化媒体为受众提供了比以往更多的自主选择机会，整个媒介环境由大众传播向分众传播的变化趋势已经不可避免，传播理念也随之从以媒介为中心转向以受众为中心，因此受众媒介使用习惯也发生了很大的变化。想要把握好社会化媒体背景下电视媒体的突破路径，首先就得有针对性地解决现代公众的需求，接下来本节就结合上文的资料分析和数据调研，总结电视媒体在社会化媒体背景下需要注意的三部分。

6.3.1 情感：个人化情感表达

受众对媒介的需求通常分为三类：信息需求、社会化需求和调剂生活的需求。信息需求是受众的最基本需求，在受众的需求系统中，信息需求占据了主导地位。信息需求是有层次的，显性信息需求较容易得到满足，如人们接收资讯等信息的需求。但是隐性信息需求作为用户目前没有被满足或未能表达的潜意识下的一种需求是极少被媒介传播者注意的。虽然在以往的传播学研究中，受众研究作为效果研究里最重要的部分已经被无数次地调研论证，但是这种受众效果研究依然是在以媒介为中心的情况下，测量考察受众的被动接收效果。社会化媒体的分享、交互、即时等传播特点改变了以往受众的接收习惯，受众正在更加主动地参与到信息的传播过程中来。

从心理学上来讲有效的情感表达是一个人最需要具备的一种能力，在过去信息传递、交流沟通都不顺畅的年代，虽然有电视等传统媒体在进行信息的传播，但是大众之间基本上还是很难做到畅通无阻地自由交流。而社会化媒体的迅速兴起，强烈地冲击着人们的观念和情感，给公众提供了情感诉求空间。公众通过自由、平等的交流，通过转发、分享、评论等方式使个人化的观点、意见得以更好地表达并得到及时反馈。人们在社会化媒体平台上找到了释放自己的途径，在当前关于新媒体话语权的研究中，大部分研究者注意到的是新媒体给受众带来了话语权实现的场所和空间，极大地扩展了民众表达的渠道，促进了公众话语权的实现。另一方面，使公众可以平等地参与到信息的生产传播中，人人都可以方便、快速地发表对事件的看法，甚至发起社会动员，来表达自己的情感诉求。

但是我们也需要意识到，如果一味地放任社会化媒体为代表的新媒体平台而不加以监督管理，网络谣言等乱象、怪象就会层出不穷，引发社会危害。由于社会化媒体平台的可匿名和虚拟性的特点使社会化媒体言论环境相对宽松，于是部分人便放松了限制“本我”转而释放“超我”，因此“自我”便可以比较充分地满足“本我”的要求，去实现“本我”的欲望，在虚拟世界中很多用户还会通过塑造“自我”来充分发泄“本我”。社会化媒体的虚拟性在一定程度上可以强化和满足用户探索和体验不同社会和人格角色的潜在欲望，而这些潜在的欲望是在现实生活中无法得到满足的[①]。于是就出现了很多像秦火火一样，专门在社会化媒体上发布网络谣言，蓄意制造传播谣言、恶意侵害他人名誉的个体和公司。秦火火接受采访时曾说过，当看到自己发布的谣言产生了巨大的社会影响力，当传统媒体对自己发布的谣言跟进报道的时候，他甚至会有快感。而很多不明真相的网络大V在没有经过考证的情况下，对秦火火的谣言进行了转发，大V的支持也使秦火火在虚拟空间享受到了在现实生活中无法实现的一呼百应的快感。在社会化媒体时代，信息的生产与消费更多的是为了编织自己的社会关系网，人们生产内容的目的已不在于内容本身，而更多的是希望以内容为媒介，延伸自己在网络社会的关系。这种现象的频发对受众的媒介素养水平提出了要求，当受众在享受社会化媒体带来的话语权开放的同时，需要保持高度的警惕，对虚拟环境及网络流传信息都要有清晰、理性的认识。而电视媒体在这种情况下更应该做到帮助大众对社会化媒体上流传的各种信息进行把关，尽好自己"把关人"的职责，不要盲目地被谣言引导。在满足观众参与、表现欲望的同时，合理地引导观众的个人情感表达。

6.3.2　行为：个人编辑时代的联动性

从传播研究来看，在传统媒体的信息传播中，受众是传播过程的最后信息接收者，也就是说信息到达受众之后整个传播过程已经完成。而在社会化媒体时代，信息在到达受众之后还会有一个反馈及二次传播的过程，这就把原来的单向传播过程变成了一个循环过程，而处于反馈节点的具体表现就是受众的个人编辑行为。在社会化媒体时代信息的联动性是十分明显的，一条热门信息的发布就会引发大量的转发、评论，形成网络舆论引发传统媒体争相报道，造成程度不一的社会影响。电视媒体在面对受众日益增长的信息需求时往往显得力不从心，现在的受众比以往更加热衷于刨根问底，仅靠每天时长有限的节目内容，已经无法满足他们的信息求知欲，而社会化媒体的出现就很好地解决了受众在更高层面的信息需求，也促进了广大社会化媒体用户的"自产"行为。

社会化媒体的UGC模式(用户原创内容)让"公民新闻""公共领域"等名词一再被提起。社会化媒体的基因决定了让民众在虚拟世界掌握话语权成为可能。网络世界以节点为单位，可以延伸出无数的信息，而信息与信息之间又可以彼此印证，让受众更接近事实的真相。因此个人编辑时代最活跃的莫过于处在节点位置的"公民记者"。公民记者背后所体现的是"参与式新闻"的理念，即"民众在搜集、报道、分析和传播新闻和信息的过程中发挥主动作用"。在社会化媒体平台空前平等、民主的氛围下，公民记者积极参与着身边所见所闻的传播，如"随手拍照解救乞讨儿童"的微博打拐行动，在微博网友源源不断地提供线索信息和传统媒体不断跟进报道的双重努力之下，各地公安机关根据微博提供的信息，解救了很多乞讨儿

---

① 宋琳琳，网络媒体使用与满足形态研究[D]．大连：大连理工大学，2009.

童，形成了良性的社会互助氛围。又如，“表”哥杨达才事件、郭美美事件等社会化媒体上发生的网络反腐现象，也是通过广大公民记者提供的大量线索，才使事件最后进入了司法程序，也可以说网络虚拟世界正在对现实世界进行渗透，网络行为已经影响了社会生活。虽然社会化媒体海量信息中不乏炒作和哗众取宠的泡沫存在，但是从某种意义上来说，个人编辑时代因为每个个体拍摄、上传、转发、分享的行为联动了整个中国社会政治、经济、文化各个方面的发展。

德国学者哈贝马斯于 1962 年提出公共领域的愿景在社会化媒体时代有了实现的可能性。哈贝马斯所倡导的那种在自由、民主、正义的社会空间里向所有公民开放平等对话，并通过对话形成公共舆论，进而影响整个社会变革的设想，在社会化媒体环境下获得了空前的实现条件上的支持。网络上话语权的转移、信息传播技术上的聚合张力、交互式的沟通方式，都为公共领域在网络虚拟世界的形成提供了有利的载体。但是社会化媒体上的平等空间依然需要有公信力的渠道去配合议程设置，为虚拟网络的公共空间提供客观的论证力量，实现真正意义上的公共空间平台。

电视媒体需要对社会化媒体带来的联动效应提高重视，作为具有高公信力的媒体，电视媒体要在社会化媒体沸腾的舆论狂欢中保持客观、冷静的视角和态度，对社会化媒体上受众发布的信息进行有选择的取舍，力求做到还原事实真相，传达正确的社会价值观，从而影响受众在社会化媒体上的编辑行为。

6.3.3 认知：强关系与弱关系——关系式扩散传播

扩散是一种社会变化，可以被定义为社会系统的结构和功能发生变化的过程。它既包含了自发的传播，又包含了自觉的传播。从信息学的角度分析信息扩散，可以定义为基于网络平台的信息随时间从信源逐级逐层地传播至信宿并被信宿接受和利用，使得信息的覆盖面由一点弥漫至整个空间的过程，其动力是信源与信宿的信息差异。

社会化媒体关系可以分为两大类，即强关系连接和弱关系连接。强关系是指熟人等信息相关度很好，以感情维系为主的一种稳定、长期关系，这种关系的影响范围较小，但影响作用力很大。弱关系则是指朋友的朋友、拥有共同兴趣点、临时需要而结识的较松散的陌生人关系。在社会化媒体中强关系、弱关系同时存在，但是强关系传播的内容较容易同质化，弱关系的陌生、松散更容易产生更多元化的内容扩散传播，也因此社会化媒体上能引发舆论效果的人际关系多以弱关系为主。弱关系具有传播速度较快、传播面较广的优势，在陌生人世界里用户之间的关系渠道的数量与质量直接影响着信息流动广度，在以节点为单位的信息发布中，每一个用户发布的信息都发生着病毒式的裂变扩散。在信息的一次次转发、评论中我们可以看到这不仅是信息的复制，用户在转发、评论中会通过编辑信息的过程把自己的意见、想法同时附加传播出去，形成了一个信息再生产的过程。这种弱关系扩散模式加速了网络话语权利的分化，权利顶层的意见领袖通过权利中层的有个人影响的积极扩散者和无个人影响的积极发言者把信息传达到权利底层单纯的接收者，同一权利层的人会结成联盟维护自己的利益，而不同权利层的人则会出于对某一认同关系而结成联盟。所以电视媒体在对社会化媒体上传播的信息及用户进行分析时，更多的要以关系的方式总览，往往在弱关系里看似民众在进行有秩序有步骤的对话，但是主体随着意识的扩散却变得越来越散漫，以至于最后信息经过无数用户的“再生产”使原本的主体意识变得面目全非。

6.4　拓展社会化媒体背景下电视媒体产业链

社会化媒体背景下电视媒体的产业链可以从两个方面入手进行拓展：节目资源的产业链和受众资源的产业链。节目资源产业链重点放在节目制作市场、播出市场及传输市场三个方面；受众资源产业链重点投入在广告市场、衍生品市场、其他受众市场三个方面。

6.4.1　节目资源产业链拓展

在前文的资料分析和调研中我们可以看出，社会化媒体在电视节目的制作上起到了很好的补充作用。目前我国的电视节目制作机构主要有三种：电视台自身的节目制作部门、电视台参股的制作公司和民营节目制作公司。前两种制作机构因为掌握着大量人力、物力资源，有丰富的制作经验，一直保持着优势地位，所以对社会化媒体生产的内容选择上相对比较谨慎，我们可以看到央视及很多地方卫视在与社会化媒体的内容生产合作上多是浅尝辄止。现在，社会化媒体在固定常态的节目制作上还处于刚起步的阶段，自制内容资源一直比较缺乏，但是如果一味从专业节目制作机构购买播映权又会受制于人，一旦内容资源的提供受阻，将会造成“片荒”的局面。随着越来越多的视频类社会化媒体开始选择微电影、自制剧类的方式自制节目内容，电视媒体在节目制作市场上原有的优势地位在将来势必会受到一定的影响。社会化媒体自制剧成本低、生产周期短、更新速度快，十几分钟的时长也更符合现在受众对节目的速食化需求，更加受网友的追捧和支持。民营节目制作公司可以在社会化媒体节目制作不够成熟，而电视台系统的节目制作部门又无暇顾及社会化媒体平台的时候抢占先机，与社会化媒体达成节目制作的协议，不但拓展了自己的节目制作市场，也同时拓展了节目的播出市场和传输市场。传统电视媒体的播出市场一般是以各大电视台频道为主，时长、时段有限的电视频道平台远远无法满足每年大量的节目内容投放，社会化媒体平台可以分担一部分的节目内容资源。同时社会化媒体又拓展了电视媒体原有的无线电视传输、有线电视传输、卫星传输之外的新传输市场，让电视节目的输出更具有互动性，利于电视业务新模式的开发。实际上，无论是电视台自身的节目制作部门、电视台参股的制作公司还是民营节目制作公司，都应该重视社会化媒体平台的使用，特别是在播出市场及传输市场方面，社会化媒体平台的特性会为电视节目资源产业链的拓展提供新的外延空间。

6.4.2 受众资源产业链拓展

无论是广告市场、衍生品市场还是以电视购物、短信互动为代表的其他受众市场，都无法与社会化媒体平台的受众资源市场相比。社会化媒体平台上所具备的交互、即时、以用户为中心、个性化定制、有针对性、注重用户体验、即时数据分析等优势都是其他受众资源市场所不具备的，而这些优势又恰恰是针对受众资源最急需了解和提升的部分。

社会化媒体对受众的定位非常精准，通过用户平常关注、转发、评论的信息内容，关注的好友及其好友关注的信息进行分析就可以推断出用户的喜好。在以关系为传播单位的社会化媒体上，电视媒体可以通过好友关系推送任何想要传播的信息给有针对性的用户。因为有通过关系建立的好友推荐、好友分享，用户对产品的信任度往往比电视广告宣传要高得多，更容易让用户接受。此外，电视媒体还可以利用社会化媒体的传播特点进行受众资源市场的开发，如主动推广各种热门话题，利用话题引发讨论，利用情感拉近距离，让观众与节目内容之间产生共鸣，增加用户的黏性。重视电视节目在社会化媒体上产生的长尾效应，跨平台进行整合营销做足电视节目的口碑，利于电视节目在社会化媒体平台上的二次传播、重复利用，使电视节目产生强大的增值效益。

第7章

结语：社会化媒体与电视媒体的融合发展

社会化媒体的迅速勃兴和快速发展，给传统媒体带来巨大的冲击和挑战。社会化媒体打破了传统媒体的信息垄断和舆论控制，以“聚合”为核心将不同类型的信息元素组合到一起，利用自身平台优势把各类微不足道的价值碎片聚拢成强大的话语力量和丰富的价值表达，表现出受众参与、内容公开、互动交流、双向对话、社区化、连通性等特征，彻底颠覆了传统媒体“一对多”的模式，促使话语权发生转移。

面对咄咄逼人的社会化媒体，电视媒体是否会被剥夺原有的优势地位？答案当然是否定的，拥有较高公信力与丰富媒体资源和经验的电视媒体仍然拥有大量的受众支持。社会化媒体的出现为电视媒体提供了新的传播思路，是一种良性互补，况且每种媒体形态都有其特定用户群，有其特殊的使用空间和环境，社会化媒体虽然有一些传统媒体没有的优势，但也具有自身的局限性，因此媒介之间只有通过优势互补，实现功能的融合和相互渗透，不断探索新型内容生产及运作模式，才能达到单一媒体无法企及的传播效果。2011 年 6 月美国圣荷塞州立大学教授、艾美奖评委彼得·杨在上海曾提出：未来三年，社交媒体将会和电视活动紧密相连[①]。这一预言，正在当下中国逐步实现，越来越多的电视媒体机构通过社会化媒体平台，搭建双平台优势，从内容和传播渠道上进行整合，多方优势互补，进一步深化“台网联动”，实现多方共赢。

随着数字化技术和网络技术的快速发展，媒介间的壁垒一再被打破，从一定程度上改变着现有传媒的格局和生态，为不同的媒体提供了资源整合的平台和基础。社会化媒体的兴起为电视媒体带来了前所未有的机遇和挑战，电视媒体借助社会化媒体先进的技术支持和多元的表现形式，丰富和扩展了节目内容和产品线，实现了与新媒体的“完美联姻”。

---

① 郑莹，彭飞. 社交媒体催生电视媒体的社会性[J]. 媒体时代，2012(Z1)：48-50.

7.1 研究不足

在竞争日益激烈的传媒环境中，社会化媒体对电视媒体的冲击远远没有人们想象的那样大，反而随着媒介领域的日渐清晰，社会化媒体与电视媒体开始走向微妙的互补融合之路。社会化媒体为电视媒体带来的不仅是多元化的发布渠道，低成本的推广营销，与观众的新型互动模式，更是为电视媒体的未来发展提供了多元化的跨媒介平台选择，实现了电视与网络双赢的目标。社会化媒体平台上的生存环境十分复杂，既有草根化的普通网友又有精英化的舆论领袖，这一媒介生态的复杂性完全不同于以往的任何一种媒介形态。电视媒体面对这样一个充满致命吸引力而又棘手的宝藏该如何自处，就需要其凭借自身丰富的媒体经验进行选择、吐故纳新。在内容制作上，电视媒体可以利用社会化媒体交互性、信息海量化及传播快捷等特性延展电视栏目的内容和形式，进一步丰富电视媒体的内容资源，实现生产优势上的互补和共赢。在了解社会化媒体传播方式的同时，不断巩固自己的公信力，让电视媒体从过去的信息发布者转变为现在纷乱嘈杂的社会化媒体平台上的意见平衡者。在媒介技术上紧跟时代，掌握最新的科技手段，不断提升电视媒体自身的科技含量，综合社会化媒体和电视媒体的技术特长，打造具有新的媒介形态特点的电视媒体。在产业层面上要重视跨界资源的整合，由于社会化媒体和电视媒体的融合在一定程度上其实是资源在不同媒介间的共享与重新配置，所以会在媒介集团的组织机构、产业合作等方面都进行更新重组，特别是随着电子行业、家电行业纷纷开始涉足电视领域，未来电视媒体的产业融合发展趋势将会更加明显。在未来的电视媒体与社会化媒体融合之路上仍然会存在着内容同质化、资源整合过程中媒介之间的体制不相融、人员不适应等问题，甚至还会因为现有媒介规制的原因，遇到来自上层管理机构的阻力，使媒介的资源整合处于进退两难的尴尬境地，这些难题都需要我们进一步地进行探讨和研究。由于时间和水平的限制，本书主要讨论了社会化媒体背景下电视媒体融合发展的内在根源和未来需要重点注意的方向，而对具体如何在操作层面进行更加细化的融合及相关价值链的延伸并未做深入研究，也期待着未来的研究者可以进一步地扩展相关的领域，为中国电视媒体的发展提出更前沿的思路和观点。

7.2 研究展望

媒介的互动融合不但能够带来资源共享、配置整合、价值链拓展等新的合作方式，还能够降低成本，为传媒行业带来竞争优势，因此“媒介融合”这一概念自 20 世纪 80 年代在美国被提出至今都一直在全球范围内蓬勃推进着。媒介融合的发展实践不但需要得到理论的提升和指导，而且还要把理论放置于实践基础之上进行再认识，只有这样才能在变幻莫测的新媒介环境里不断寻求并总结出科学的媒介融合思想。作为传统媒体中具有强势地位的电视媒体和新媒体中具有巨大影响力、发展最快速的社会化媒体，两者之间的融合发展必然会成为 21 世纪传媒领域最关注的话题。

最早关于媒介融合的研究始于 21 世纪初的一些西方国家。国内关于媒介融合的研究起步较晚，是在 2005 年由蔡雯教授将其概念引入国内，并把这一概念结合中国传播环境和实践进行了大量的分析考证，引起了国内学界和业界的关注。国内对媒介融合的前期研究大部分集中在对西方媒介融合研究历程的评介，比如一些代表性观点的介绍等，还尚处于对本土媒介融合研究的启发阶段。另外一些研究则集中于对媒介之间传播手段融合的探讨，比如同一个传媒集团内部电视、报纸、广播之间的内容相互推销和资源共享，这些探讨都是非常具有现实意义的。随着媒介研究深度和广度的不断拓展，以下几方面的相关研究趋势尤其值得我们关注。

首先，关于“媒介融合”概念的再研究问题。喻国明教授在《传媒经济学》中认为，媒介融合是指报刊、广播、电视、互联网所依赖的技术越来越趋同，且以信息技术为中介，以卫星、电缆、计算机技术等为传输手段，通过数字技术改变了获得数据、现象和语言三种基本信息的时间、空间及成本，使各种信息在同一个平台上得到了整合，让不同形式的媒介彼此之间的互换性与互联性得到了加强，最终使媒介一体化的趋势日趋明显。美国西北大学教授戈登归纳了美国当时存在的 5 种媒介融合的类型，即所有权融合、策略性融合、结构性融合、信息采集融合和新闻表达融合。戴默等几位在美国鲍尔州立大学任教的学者则提出了“融合连续统一体”新概念，把媒介融合分为 5 种模式：交互推广、克隆、合竞、内容分享和融合。媒介融合的分类方法并不是固定的，但随着新技术的日新月异，媒介融合的大趋势越来越清晰，对媒介融合概念的界定也会因为新形态媒体的不断加入而得到持续扩充。

按照媒介融合的发展，媒介融合经历了组织融合——资本融合——传播手段融合三阶段后，到达最高层面的媒介形态融合阶段。世界范围内科技力量的不断提升完全有可能在未来生产出一种与今天的媒介形态完全不同的新媒体，这种媒介有可能融合了几种甚至全部媒体的优点。这一发展趋势将让我们再次定义媒介融合，这里的媒介融合是指充分融合传统媒体和新媒体的特色和优势，利用网络传播具有极强互动性和参与性的特点，以网络作为载体平台和发行平台，最终通过各类不同的多媒体终端设备呈现出来的各种媒介形态。除此之外，针对体现媒介组织结构性融合的“媒介融合”的特点和性能，及其提供的专业化、个性化服务研究，将是未来值得关注的课题。

其次，媒介的融合必然带来产业的融合，“全媒体”运营是媒体竞争发展到高级形态时必将出现的一种态势。研究电视媒体与社会化媒体之间互融的传播规律及媒体外延产业链建立的可行性是当下热门的研究话题，新媒体产业链覆盖的行业数量和企业数量非常庞大，电商、家电产业、传统媒体等纷纷加入了这场产业竞争的厮杀。其中，电视媒体与社会化媒体为代表的新媒体无论是在生产制作、人员配置、用户群体还是组织机构上都更契合。由各电视传媒机构整合电视、电视官方网站等旗下资源，进行机制、体制上的重新建构，在集团内部实现"电视—网络"的互动运营，在此基础上与其他传媒集团、行业领域进行联合，拓展在移动流媒体等领域的融合合作，实现最终的媒介大融合，是现在各大电视机构正在一步步挺进的目标。如 2014 年 3 月 SMG 在整合东方卫视中心后，将孵化一批类似互联网企业的"产品经理"——独立制片人，这一举措的根源就来自移动新媒体正建构的新生存逻辑。新媒体的出现不仅改变了传媒行业生存的一些基本规则，更重要的是改变了人，改变了价值判断标准，颠覆性的技术会引发颠覆性的创新，传统媒体如果还是故步自封地只关注现有用户和被证明了的市场，将会直接被时代抛弃。电视媒体和新媒体的各种形态以及产业链的各个环节的合作和融合，都需要通过产业链的拉动力量来整合各方的资源和优势，这就要求各种媒体形态要积极地参与到产业链的整合中去。媒体的再专业化、再组织化改变不可避免，再专业化要求我们重新重视分众传播，对用户的需求和满足方式再细分，现在的媒体发展趋势更多的是开口越小，可能的使用者越多，反而呈现出更大的价值。再组织化就要求电视媒体作为第一媒体，应该发挥自己的优势，积极投身于产业链的整合工作中去，在内部整合电视台的各项优势资源；同时在外部产业链上争做优质的产品内容供应商，通过整合自身的内部资源形成不可取代的内容资源优势。

最后，媒介融合给从业人员提出了新要求和新挑战。在媒介融合的趋势下，只有培养适应未来跨领域、跨媒体的复合型新媒体技术人才和懂融合模式经营、会管理的高端人才，才能适应未来的媒体发展方向。

当然，在媒介融合研究中，还有一些研究趋势也具有较高的理论探讨和实践指导意义。比如，关于媒介融合产业链运营的展望，理想的产业链条如何实现利益最大化，如何选择与自己具有相似受众定位的新媒体进行合作，扩大受众群、提高收视率、拓展市场份额等，都是媒介融合运营的重要抉择。

"我们预期，在中国媒体行业未来的发展中，传统媒体与新媒体的进一步融合是最重要的趋势。新媒体兴起，并不意味着传统媒体就要退出历史舞台，双方只有在内容与传播手段上优势互补，才能形成融合或者成为伙伴。"摩根士丹利中国互联网媒体分析师季卫东在接受采访时说道。随着中国传媒业体制改革的推进，以及媒介融合的不断深入，传媒产业的前景将呈现出一片欣欣向荣的景象，传统电视媒体与新媒体的合作显示出了新的特征和趋势，优势互补、资源共享、互惠共赢已成为两类媒介融合的主旋律，新媒体为传统电视媒体带来了更强的活力和更大的价值空间。同时，传统电视媒体为新媒体带来了丰富的节目资源，进而增强了新媒体的盈利能力和社会影响力。不同媒体之间的资源重组与优势互补，将生产出融合型的新信息产品，改变以往的媒介产品形态。媒介融合的传媒发展格局必将为我国文化创意产业创造出更加繁荣的未来，为媒介经济的增长提供进一步扩大的空间。媒介融合正从更深层意义上建构媒介化社会的社会意义和个体意识，并最终成为推动媒介化社会形成的核心动力。大势所趋的媒介融合必将给活跃而繁荣的中国媒介市场带来崭新的变化和有力的冲击，同时将给媒介产业的发展带来新的机遇和挑战！

参考文献

[1] 中国互联网信息中心(CNNIC). 第33次中国互联网络发展状况统计报告[EB/OL]. (2013-01-15)[2013-02-21]. http://www.cnnic.net.cn/hlwfzyj/hlwxzbg/hlwtjbg/201301/t20130115_38508.htm.

[2] 中国互联网信息中心(CNNIC). 第30次中国互联网络发展状况统计报告[EB/OL]. (2012-07-23)[2013-02-21]. http://www.cnnic.net.cn/hlwfzyj/hlwxzbg/hlwtjbg/201207/t20120723_32497.htm.

[3] 胡泳. 众声喧哗[M]. 南宁：广西师范大学出版社，2008.

[4] 莱文森. 新新媒介[M]. 何道宽，译. 上海：复旦大学出版社，2013.

[5] 鲁尼恩，科尔曼，皮滕杰. 行为统计学基础[M]. 王星，译. 北京：中国人民大学出版社，2007.

[6] 周爽，朱志洪，朱星萍. 社会统计学分析：SPSS应用教程[M]. 北京：清华大学出版社，2006.

[7] 唐世鼎，黎斌. 中国特色的电视产业经营研究[M]. 北京：中国国际广播出版社，2009.

[8] 喻国明，欧亚，张佰明，等. 微博—种新传播形态的考察：影响力模型和社会性应用[M]. 北京：人民日报出版社，2011.

[9] 洛根. 理解新媒介：延伸麦克卢汉[M]. 何道宽，译. 上海：复旦大学出版社，2012.

[10] 詹金斯. 融合文化：新媒体和旧媒体的冲突地带[M]. 杜永明，译. 北京：商务印书馆，2012.

[11] 伊尼斯. 传播的偏向[M]. 何道宽，译. 北京：商务印书馆，2012.

[12] 胡正荣，李继东，唐晓芬. 全球传媒产业发展报告[M]. 北京：社会科学文献出版社，2013.

[13] 国家新闻出版广电总局发展研究中心. 中国视听新媒体发展报告[M]. 北京：社会科学文献出版社，2012.

[14] 国家新闻出版广电总局发展研究中心. 中国广播电影电视发展报告[M]. 北京：社会科学文献出版社，2013.

[15] 陈默. 媒介文化：互动传播新环境[M]. 北京：北京师范大学出版社，2010.

[16] 黎斌，李怀亮. 中国电视媒体运营管理务实[M]. 北京：中国国际广播出版社，2007.

[17] 罗霆. 中国电视媒体的系统战略研究[M]. 北京：中国国际广播出版社，2009.

[18] 彭祝斌，向志强，邓崛峰. 中国内容产业核心竞争力研究[M]. 北京：新华出版社，2010.

[19] 彭祝斌. 中国电视内容产业建设发展研究[M]. 北京：新华出版社，2010.

[20] 李岚. 电视产业价值链理论与个案[M]. 北京：社会科学文献出版社，2006.

[21] 李秋红. 视听未来：新时期我国广播电视产业发展战略研究[M]. 北京：华艺出版社，2012.

[22] 蔡雯. "全媒体战略"中的内容生产创新：对新形势下传统媒体转型的思考[J]. 新闻战线，2013(1)：86-88.

[23] 蔡雯. 内容建设是媒体成败的核心因素[J]. 当代传播，2013(3)：1.

[24] 吴小坤，李佳运. 微博拓张与社会化媒体的网络结构变革[J]. 新闻记者，2011(10)：54-57.

[25] 喻国明. 嵌入圈子功能聚合跨界整合："关系革命"背景下传媒发展的关键词[J]. 新闻与写作，2012(6)：54-57.

[26] 张杰."陌生人"视角下社会化媒体与网络社会"不确定性"研究[J]. 国际新闻界,2012,34(1):34-40.

[27] 喻国明. 当前形势下传媒发展的关键与行动路线图[J]. 新闻与写作,2012(9):8-10.

[28] 李燕临,王蕊. 全屏时代电视媒体的变革与突破[J]. 电视研究,2013(7):43-45.

[29] 柳旭东."二级传播"模式在社会化媒体环境下的弱化[J]. 新闻大学,2013(4):96-101.

[30] 曾祥敏. 新媒体背景下的电视分众化传播[M]. 北京:中国广播电视出版社,2010.

[31] 哈贝马斯. 公共领域的结构转型[M]. 曹卫东,译. 上海:学林出版社,1999.

[32] 苏永华. 社会化媒体环境下的舆论引导探析[J]. 宁夏大学学报(人文社会科学版),2012,34(3):118-121.

[33] JOHAN L. The Internet in China. Unlocking and Containing the Public Sphere[D]. Lund Vniv, 2006. p23.

[34] BURT R S. The social capital of opinion leaders[C]. The ANNALS of the American Academy of Political and Social Science, 1999, 37-54.

[35] 李燕临,王蕊. 全屏时代电视媒体的变革与突破[J]. 电视研究,2013(7):43-45.

[36] 蔡雯. 新闻传播的变化融合了什么:从美国新闻传播的变化谈起[J]. 中国记者,2005(9):3.

[37] 喻国明. 新型传播方式的崛起与传统媒介的价值落点[J]. 新闻与写作,2010(7):57-59.

[38] 彭兰. 记者微博:专业媒体与社会化媒体的碰撞[J]. 江淮论坛,2012,57(2):154-158.

[39] SIMMEL G. The Stranger,The Sociology of Georg Sim-mel[M]. New York: Free Press, 1950: 402-408.

[40] PARK R E. Human Migration and the Marginal Man[J]. The American Journal of Sociology,1928, 33(6): 881-893.

[41] STONEQUIST E V. The Problem of The Marginal Man[J]. The American Journal of Sociology,1935,41(1): 1-11.

[42] 彭兰. 社会化媒体与媒介融合的双重挑战[J]. 新闻界,2012(1):3-5,20.

[43] KATZ E. The two-step flow of communication: An up-to-date report on a hypothesis[J]. The Public Opinion Quarterly, 1957,21(1): 61-78.

[44] 聂明澈. 论媒介融合对传统媒体的影响[J]. 理论界,2011(5):156-157.

[45] 郑莹,彭飞. 社交媒体催生电视媒体的社会性[J]. 媒体时代,2012(Z1):48-50.

[46] 高钢,陈绚. 关于媒介融合的几点思索[J]. 国际新闻界,2006(9):51-56.

[47] STEFANONE M A,LACKAFF D,ROSEN D. The relationship between traditional mass media and"social media": Reality television as a model for social network site behavior [J]. Journal of Broadcasting & Electronic Media,2010,54(3): 508-525.

[48] CORREA T,HINSLEY A W,GIL DE ZUNIGA H. Who interacts on the web?: The intersection of users'personality and social media use[J]. Computers in Human Behavior, 2010. 26: 247-253.

[49] 郭小平. 社交电视:传统电视的社会化生存及其网络分析[J]. 现代传播(中国传媒大学学报),2013,35(3):25-29.

[50] 王国华. 重视网络舆情的政治生态研究[J]. 华中科技大学学报(社会科学版),2012,26(2):124.

[51] 吕菁. 媒介融合的背景、现状与展望[J]. 贵州师范学院学报,2011,27(11):39-41.

[52] 常凌翀. 三网融合开启媒介融合大时代[J]. 新闻爱好者,2010(6):44-45.

[53] 陈昕. 救赎与消费:当代中国日常生活中的消费主义[M]. 南京:江苏人民出版社,2003.

[54] 费瑟斯通.消费文化与后现代主义[M].刘精明,译.南京:译林出版社,2000.

[55] SCHUETZ A. The Stranger: An Essay in Social Psychology[J]. The American Journal of Sociology,1944,49(6):499-507.

[56] WHITE L Y N. Medieval technology and social change [M]. New York: Oxford University Press,1978:28.

[57] ALEXANDER J C. Rethinking Strangeness: from Structures in Space to Discourses in Civil Society[J]. Thesis Eleven,2004,79(1):87-104.

[58] 梁红娟.东方卫视的媒介影响力研究[D].大连:大连理工大学,2006.

[59] 唐朝.传播学视野中的媒介影响力[J]. 郑州大学学报,2005(1):115-116.

[60] 曾一果,徐筱路.电视媒体在网络时代的生存与发展[J].中国电视,2006(4):28-31.

[61] 黄永林,喻发胜,王晓红.中国社会转型期网络舆论的生成原因[J].华中师范大学学报,2010,49(3):49-57.

[62] 桑翔.中国媒介融合的现状、模式和趋势研究[D].上海:华东师范大学,2009.

[63] CASTELLS M. The Information Age: Economy,Society and Culture,Volume I: The Rise of the Network Soceity[M]. Malden: Blackwell,1996:34.

[64] 霍洛克斯.麦克卢汉与虚拟实在[M].刘千立,译.北京:北京大学出版社,2005.

[65] 徐耀魁.世界传媒概览[M].重庆:重庆出版社,2000.

[66] 刘爱民.信息安全保障体系在网络媒体中的应用[D].成都:四川大学,2006.

[67] 王言浩.媒介融合的动因与现实路径选择研究[D].济南:山东师范大学,2011.

[68] 宋毅.媒介融合背景下电视内容生产的转型路径[J].中国电视,2012(5):88-92.

[69] 杨雪睿,黄京华.新媒体环境下电视媒体影响力的拓展[J].现代传播,2011(7):156-158.

[70] LAZERSFELD P F,BERELSON B,GAUDET H. The people's choice[M]. 2nd ed. New York: Columbia University Press. 1948.

[71] CASE D O,JOHNSON D,ANDREWS J E,et al. From two-step flow to the Internet: The changing array of sources for genetics information seeking [J]. Journal of the American Society for Information Science and Technology,2004,55(8):660-669.

[72] 扈楠.媒介融合时代新闻记者的媒介素养再造[J].传媒观察,2011(7):29-31.

[73] 孙楠楠.对社会化媒体的传播学思考[J].新闻爱好者,2009(17):16-17.

[74] 石凤.从网络媒体发展看网络话语权变迁[D]. 武汉:中南民族大学,2011.

[75] 埃默里.美国新闻史:大众传播媒介解释史(9 版)[M].展江,译.北京:中国人民大学出版社,2009.

[76] 祖迪.媒介融合现状及发展前景初探[J].今传媒,2012,20(6):49-50.

[77] 孙玉双,孔庆帅.中国媒介融合的现状、表现形式与未来[J].科技与出版,2011(4):71-76.

[78] KATZ E. The two-step flow of communication: An up-to-date report on a hypothesis[J]. The Public Opinion Quarterly,1957,21(1):61-78.

[79] CHAN K K,MISRA,S. Characteristics of the opinion leader: A new dimension[J]. Journal of Advertising,1990,19(3):53-60.

[80] KUSHIN M J,YAMAMOTO M. Did social media really matter? College students' use of online media and political decision making in the 2008 Election [J]. Mass Communication and Society,2010,13:608-630.

[81] 庞亮,郭之恩.进程与变迁:基于媒介融合政策视角下的观察[J].现代传播,2011(11):9-12.

[82] 孙宜君,刘进.媒介融合环境下广播电视新闻专业人才培养的思考[J].现代传播,2010(11):120-123.

[83] 王漱蔚.媒介融合:传媒业发展的必然趋势[J].当代传播,2009(2):55-57.

[84] 高宪春.论新媒体环境下官方与民间舆论的互动[J].西南民族大学学报(人文社会科学版),2012,33(10):169-173.

[85] KAPLAN A M, HAENLEIN M. Users of the world, unite! The challenges and opportunies of social media[J]. Business Horizons,2010,53:59-68.

[86] 尚玉昌.普通生态学[M].北京:北京大学出版社,2002.

[87] 熊艳红.媒介融合时代广电媒体传播平台体系建设的思考[J].中国广播,2011(12):19-23.

[88] 张哲.社会化媒体对传播方式的影响分析[J].人民论坛,2011(8):144-145.

[89] 庞亮.关于我国网络媒体与传统媒介融合发展的几点思考[J].中国广播电视学刊,2002(3):37-38.

[90] 蔡雯.新闻传播的变化融合了什么?:从美国新闻传播的变化谈起[J].中国记者,2005(9):70-72.

[91] 孙月亚.从竞争走向融合:浅析电视与网络媒体的特点和发展趋势[J].北京广播电视大学学报,2002(1):38-40.

[92] 钱艳丽.电视媒体的新媒体发展战略研究[D].上海:华东师范大学,2010.

[93] 徐沁.泛媒体时代的生存法则:论媒介融合[D].杭州:浙江大学,2008.

[94] JOHAN L. The Internet in China [J]. Unlocking and Containing the Public Sphere, 2006:23.

[95] LYNN W. Medieval technology and social change [M]. New York: Oxford University Press,1978:28.

[96] 王国华.重视网络舆情的政治生态研究[J].华中科技大学学报(社会科学版),2012,26(2):124.

[97] 杜欣,张彬.尊重网络民意:政府决策的一个有益弥合[J].产业与科技论坛,2007(5):19-20.

[98] 吴小坤,李佳运.微博拓张与社会化媒体的网络结构变革[J].新闻记者,2011(10):54-57.

[99] 范哲.社会化媒体情境中信息素养的内容框架研究[J].情报杂志,2012,31(10):170-174.

[100] 郑莞雨.社会化媒体浪潮下的碎片传播分析[J].中国广播,2011(11):67-70.

[101] 吴剑敏.社会化媒体在政府中的应用[J].企业导报,2011(8):35-36.

[102] 邹立清.论社会化媒体发展趋势下的营销变革[J].科学经济社会,2012,30(1):83-93.

[103] 苏永华.社会化媒体环境下的舆论引导探析[J].宁夏大学学报(人文社会科学版),2012,34(3):118-121.

[104] 黄廓,王岸英.媒体经济特性对媒体内容的影响[J].理论探讨,2005(3):118-119.

[105] 莫智勇.新媒体传播形态及产业化传媒重构[J].深圳大学学报(人文社会科学版),2012,29(3):152-156.

[106] 隋岩,曹飞.论群体传播时代的莅临[J].北京大学学报(哲学社会科学版),2012,49(5):139-147.

[107] 张彦华.大数据时代国内传媒产业的挑战与机遇[J].现代传播,2013,35(11):22-26.

[108] 毕秋敏,曾志勇,李明.移动阅读新模式:基于兴趣与社交的社会化阅读[J].出版发行研究,2013(4):49-52.

[109] 史贤龙.什么是云营销?[J].经济导刊,2012,21(Z3):47-48.

附　　录

社会化媒体背景下电视媒体的融合路径研究调查

1. 在最近一周里，请问您有几天使用过下面这些媒介。

	0 天	1 天	2 天	3 天	4 天	5 天	6 天	7 天
微博	□	□	□	□	□	□	□	□
微信	□	□	□	□	□	□	□	□
电视	□	□	□	□	□	□	□	□
QQ	□	□	□	□	□	□	□	□
抖音	□	□	□	□	□	□	□	□

2. 您在最近 10 个月内一直持续使用的有(多选)(　　)。

A. 微博　　B. 微信　　C. 电视　　D. QQ　　E. 抖音

3. 您最信任以下哪个媒介上的新闻消息(单选)(　　)?

A. 微博　　B. 微信　　C. 电视　　D. QQ　　E. 抖音

4. 您最不信任以下哪个媒介上的新闻消息(单选)(　　)?

A. 微博　　B. 微信　　C. 电视　　D. QQ　　E. 抖音

5. 对同一条新闻，您完全相信电视媒体报道的内容? ______分(如果 100 分是满分，60 分及格，您觉得可以打多少分?)您更相信微博、微信、QQ、抖音发布的内容? ______分(如果 100 分是满分，60 分及格，您觉得可以打多少分?)

6. 请问下面这些新闻内容，您主要通过哪一种方式获取(单选)?

	微博	微信	电视	广播	报纸	新闻 APP	QQ	抖音
1. 本地信息	□	□	□	□	□	□	□	□
2. 国内信息	□	□	□	□	□	□	□	□
3. 国际信息	□	□	□	□	□	□	□	□
4. 体育信息	□	□	□	□	□	□	□	□
5. 娱乐信息	□	□	□	□	□	□	□	□
6. 经济信息	□	□	□	□	□	□	□	□
7. 时政信息	□	□	□	□	□	□	□	□

7. 您在看电视的同时还会有以下哪种行为(　　)?

A. 查收邮件　　B. 与社交媒体上的朋友讨论

C. 搜索观看节目的相关信息　　D. 查看体育赛事得分

E. 搜索广告产品相关信息

个人信息：

8. 您的性别(　　)。

　A. 男　　B. 女

9. 您的年龄(　　)。

　A. 20 岁以下　　B. 20～29 岁　　C. 30～39 岁　　D. 40 岁以上

10. 您从事的职业。

　01□下岗、待业或无业人员　　02□农民或外来民工

　03□离退休人员　　04□国营、私营、三资企业的工人

　05□初高中/中专学生　　06□高校学生

　07□商业服务业人员　　08□个体工商户

　09□自由职业者　　10□一般职员/文员/秘书

　11□专业技术人员/教师/医生　　12□私营企业主

　13□公检法/军人/武警　　14□企业领导或管理人员

　15□机关/事业单位干部　　16□其他

11. 您的教育程度(　　)。

　A. 初中及以下　　B. 高中及专科　　C. 大学本科

　D. 硕士研究生　　E. 博士研究生及以上

12. 您的月平均收入为(　　)。

　A. 1000～2999 元　　B. 3000～4999 元　　C. 5000～6999 元

　D. 7000～8999 元　　E. 9000 元及以上